전남대 종교문화연구소 총서 2

종교간 대화의 이론과 실제

전남대 종교문화연구소 총서 2

종교간 대화의 이론과 실제

김희중 · 이찬수 · 김영태 · 최성식

서명원 · 류제동 · 윤영해 · 김기현

전남대학교출판부

일러두기

* 주석은 본문 중의 괄호 안에 저자나 역자의 이름과 쪽수를 밝히고 각 편 끝의 '참고문헌'에 자세한 자료 소개를 기재하는 방식으로 대신하였다. 동일 저자의 문건이 2건 이상일 경우에는 저자 이름 뒤의 괄호 안에 간행년도를 표기하여 구분하였다.
  예) John Hick(1973), John Hick(1982).

* 몇 가지 용어의 사용은 각 저자의 입장을 존중하여, 통일시키려 하지 않았음을 밝혀 둔다.
  예) '기독교'–'그리스도교', '이슬람'–'이슬람교'–'회교', '사물화'–'물상화'.

* 본문의 서술 중 부연 설명이 필요한 경우에는 관련 내용을 괄호 안에 넣었다.

* 괄호 안의 한자(漢字)가 괄호 앞 단어와 음(音)이 같을 때는 '( )' 안에 넣었고, 음은 다르고 의미가 통할 경우에는 '[ ]'안에 넣었다.
  예) 종교(宗敎), 실재[神].

* 인용문 등에서 생략 부호는 '(…)'로 표기하였다.

발간사

금번 전남대학교 종교문화연구소에서 『종교간 대화의 이론과 실제』 라는 공동저서를 출간하게 된 것을 매우 기쁘고 뜻 깊게 생각합니다. **한국종교간대화학회** 회원과 실무이사진, 전남대 종교문화연구소 연구교수 및 실무진, 학회의 사무국장 등 여러분들의 노고에 힘입어 연구소의 작품이 귀엽고 알찬 모습으로 세상에 탄생되었습니다. 이와 같은 소품이 출현하게 된 것은 무엇보다도 바쁜 시간을 할애하셔서 옥고를 작성하여 투고해주신 집필진의 노고 때문입니다. 집필진의 노고에 진심으로 감사드리는 바입니다.

주지하다시피 인류 문화는 다종다양하게 변화 발전해 왔습니다마는 그 가운데서도 종교 문화야말로 문화의 중핵을 차지해 왔습니다. 하지만 각각의 종교가 경쟁이라도 하듯 각자의 성장 발전에만 치중한 나머지 상호 간의 횡적인 유대관계는 도외시되어 온 것 또한 사실입니다. 그 결과 종교 간에 이따금 질시와 충돌, 심지어는 분쟁과 전쟁까지 일어나곤 하였으므로 부끄러운 역사를 노정하기도 하였습니다.

그러나 다행히도 국내·외적으로 종교학계에서는 20세기 후반기에 들어서면서 인류의 평화와 상생의 일환으로 종교간 대화의 필요성을 크게 인식하고 종교 간의 대화를 모색하기에 이르러 지금은 세계평화에 커다란 기여를 하고 있는 중입니다. 이러한 세계적·국내적 추세에 발맞추어 한국의 문화중심도시인 호남의 광주에 위치하고 있는 전남대학교 종교문화연구소와 **한국종교간대화학회**가 종교간 대화 문제를 학문적으로 심도있게 연구하여 우리고장, 우리나라, 더 나아가서는 세계 평화실현에 힘을 보태고자 종교간 대화와 관련한 저서를 펴내게 된 것입니다. 아무쪼록 본서를 통하여 종교간 대화의 이론과 실제의 진수가 무엇인가가 널리 인식되어지고 구체적인 종교 간의 대화·이해·협력이 보다 활발하게 전개되어 종교문화가 보다 아름답게 정착되기를 희망합니다.

끝으로 이 책이 출간되도록 도움을 주신 전남대학교 당국, 치밀하게 편집을 해주신 **한국종교간대화학회** 총무이사이신 김기현 교수님, 또 이 책을 알차고 예쁘게 만들어주신 전남대학교 출판부 관계자 여러분에게 깊은 감사를 드립니다.

2007년 8월 15일

전남대학교 종교문화연구소 소장

한국종교간대화학회 실무공동대표 김 영 태 識

목 차

第2部 이웃 종교와의 대화를 향한 첫걸음

서 론

종교간 대화의 현실과 필요성

종교간 대화의 현실과 필요성

김 희 중

천주교 광주대교구 총대리주교

한국 천주교주교회의 교회일치와 종교간대화위원회 위원장

목 차

안녕하십니까?

가칭 '**한국종교간대화학회**' 창립에 즈음하여 종교간 대화에 관련된 강의를 부탁받고 많이 망설였습니다. 왜냐하면, 이 분야에서 오랫동안 연구하고 계시는 많은 석학 교수님들, 그리고 각

※ 편집위원회 주: 이 글은 2005년 7월 29일에 본 학회의 창립을 위해 개최한 발기인 대회의 기조강연 원고이다. 종교간 대화의 전개 양상은 그 시대 및 사회의 여건과 밀접한 관련이 있다. 예를 들어, 종교간 대화의 기본이 세워져 이웃종교 간의 교류가 비교적 활발하게 이루어지고 있는 여건 하에서 종교간 대화를 말할 때와 종교 간의 교류가 거의 없는 상황에서 종교간 대화를 말할 때는 그 내용이 사뭇 다를 수밖에 없다. 이 점에서 이 글은 종교간 대화를 위한 각 종교 지도자층의 노력이 진행되고 있고 또 **한국종교간대화학회**가 창립된 2005년 당시의 시점 및 한국 종교계의 여건을 배경으로 하는 역사성을 갖고 있기에 강연 원고를 그대로 옮겼음을 밝힌다.

각의 종교적 가르침과 수행에 헌신하시며 학덕을 겸비하신 불교의 여러 큰 스님들, 유교의 여러 선생님들, 개신교의 여러 목사님들과 장로님들, 가톨릭교의 신부님들과 수도자들도 여러분 계시기 때문입니다. 그럼에도 불구하고 오늘 이 자리에서 제가 말씀드리도록 초대받은 것은 제가 맡고 있는 직책 때문이 아닌가 생각합니다. 저는 한국 천주교 주교회의의 교회일치와 종교간 대화 위원회 위원장 직무를 맡고 있습니다.

사실 처지를 바꾸어서 생각한다는 역지사지(易地思之)라는 말 뜻을 평소에도 자주 생각하며 지내지만, 종교간 대화 위원회 책임을 맡으면서 그 말의 본뜻을 더욱 깊이 체험하게 되었습니다. 제가 소중하게 생각하는 것을 상대방도 소중하게 여겨주기를 바란다면, 저 역시 상대방이 소중하게 여기는 가치를 존중하는 마음을 가져야 한다는 것을 더욱 깊이 깨달았습니다. 제가 대학에서 강의할 때 한 학기 동안의 세미나를 마치고 그 세미나에 참여했던 학생들과 함께 경상북도 청도 운문사를 방문한 적이 있었습니다. 새벽 3시의 예불 시간에 학생들과 함께 참례했습니다. 부처님께 절하는 때에 한 학생이 제게 귓속말로 물었습니다: "부처님 상에 절해도 되겠습니까?" 저는 좋다고 대답하고 예불 드리는 스님들과 절하고 무릎 꿇고 예불 시간 끝날 때까지 함께 한 일이 있었습니다. 부처님 상 자체를 숭배하며 절하는 것이 아니라 열반에 드신 부처님을 생각하며 그 분의 가르침을 소중하게 여기는 마음으로 부처님께 예를 드리는 것으로 생각하였습니다. 인류의 정신적인 지도자의 한 분으로 추앙받고 있는 부처님을 존경하고 기리는 마음의 예를 갖추는 것은 당연하다고 생각했기 때문이었고, 이런 마음은 지금도 변함이 없습니다. 오늘 제가 종교간 대화에 대하여 드릴 말씀도 이러한 마음으로 평소에 생각했던 소박한 내용들을 말씀드릴까 합니다.

1. 종교란 무엇인가?

'종교란 무엇인가?' 라는 질문에 대한 대답은 비록 종파가 다르더라도 그 근본 내용에 있어서는 대동소이하리라 생각합니다. '마루 종'(宗) 글자와 '가르칠 교'(敎)라는 낱말만 보더라도 인간 자체와 인생살이에 있어서 근본이 되는 가르침이라는 데는 아마 대부분 동의하시리라 생각합니다. 예부터 오늘날까지 여러 민족들은 사물의 변천과 인생사에 들어 있는 심오한 힘을 어느 정도 인식해 왔습니다. 때로는 최고의 신이나 아버지를 긍정하기도 하였고, 이 같은 인식과 긍정은 그들의 생활에 깊은 종교적 의미를 불어넣습니다. 종교는 문화 발전에 따라 더욱 정교한 개념과 여러 가지 표현의 방식으로 이러한 인생 문제에 해답을 주려고 애써 왔습니다. 따라서 종교가 우리의 삶과 관련된 근본적인 가르침이라면 서로 다른 종파임에도 불구하고 공통분모가 있을 것입니다. 이 공통분모를 중심으로 상부상조하며 우리 사회를 보다 맑고 밝고 바르게 하는 데 협력할 수 있는 길을 함께 모색하는 것이 어쩌면 우리 종교인들의 사명이요 각 종파의 교리를 실현시키고 구체화하는 표현의 하나가 아니겠는가 생각합니다.

똑같은 사물을 두고도 언어권별로 서로 다르게 부르고 있습니다. 우리는 빵이라고 하는데 이탈리아 사람은 Pane, 프랑스 사람들은 Pain, 영어권 사람들은 Bread, 독일 사람들은 Brot, 스페인 사람들은 Pan이라고 부릅니다. 그렇게 다르게 부른다 하여 빵의 본질에 차이가 있는 것은 아닙니다. 온전히 똑같은 것을 가르키면서도 언어가 다르기 때문에 다르게 부를 뿐입니다. 혹시 서로 다른 종파에서 가르치고 있는 내용 가운데 같은 내용을 가르치면서도 표현 방식의 차이로 말미암아 본질적으로 다르다고 오해하고 있는 요소는 없는지 살펴볼 필요가 있을 것입니다. 따라서 각각의 종파에서 가르치고 있는 내용 가운데 공통적인 내용을 중심으로 함께 대화하고 우리 각자를 교화하며 사회를 보다 맑고 밝고 바르게 하여 한 가족처럼 살 수 있도록 상부상조할 수 있으면 좋겠습니다.

2. 종교간 대화의 현실

어쩌면 우리나라는 종교 박물관이라고 표현해도 과하지 않을 정도로 수많은 종파의 종교들이 있습니다. 이 다양한 종교들이 나름대로 각각 자기 종교의 가르침을 확산하는 데 노력하고 있습니다. 종교에 따라서 다른 종교들의 가르침을 존중하는 경우도 있고, 다른 종교를 이단시하여 거부하는 종교도 있습니다. 또 어떤 분들은 잎사귀만 가까이서 보고 나무를 보지 못하는 것처럼 상대방 종교의 부정적인 요소만 보고 그 종교가 가지고 있는 큰 가르침을 무시하거나 외면하는 경우도 있을 것입니다.

그러나 우리 나라에서는 대표적인 종단의 지도자들이 정기적으로 모여 상대방 종교의 가르침을 소중하게 여기며 우리 사회와 국가, 그리고 북한을 포함하여 우리 민족을 위해 우리 종교인들이 기여할 수 있는 있는 공동 관심사를 논의하고 협력하고 있습니다. 예를 들면, 한국기독교협의회, 대한불교조계종, 원불교, 유교, 천도교, 한국민족종교협의회, 그리고 한국천주교회 등 7대 종단 대표들이 종교간 대화를 위해 활동하고 있습니다. 현재 각 종단의 대표자들이 모여 협력하고 있는 몇 가지 일들을 소개해드리고 싶습니다.

1) 남측의 7대 종단 대표자들이 남북의 평화통일과 동 · 서간의 화해와 국민화합을 위하여 결성한 '온겨레손잡기운동본부'를

통해서 민족화해협력범국민협의회와 6·15 선언 실천을 위한 통일연대에 참여하고 있습니다.

2) 북한의 조선종교인협회들과의 교류 모임을 가지고 1년에 1회 이상 정기적인 만남을 통하여 종교간 대화와 지원 사업을 협력하고 있습니다.

3) 7대 종단 청소년 평화 순례 '한라에서 백두까지'를 개최하여 각 종단 청소년들이 이웃 종교에 대한 이해를 도모하고, 서로간의 화합과 화해(和諧), 그리고 평화의 가치를 배우는 기회를 제공하고 있습니다. 아울러 21세기 주역인 청소년들에게 민족의 기상과 동포 체험들을 통해 통일 의식을 고취하고자 계획하고 있습니다.

4) 7대 종단 대표자 초청 간담회를 통하여 정부는 필요한 경우에 국가의 중요한 정책 또는 문제에 대해 설명하고 대안을 구하고 있습니다.

5) 종교간 이해와 협력을 증진시키기 위해 7대 종단 성직자 초청 대화모임을 가지고 있습니다. 2004년도에는 '생명'을 주제로 최근 사회에 만연하고 있는 생명경시 풍조를 비판하고, 환경 윤리적으로 생명의 가치를 확인하고, 그 운동을 촉진하는 계기를 마련하는 모임이 2004년도 3월에 제주에서 있었습니다.

6) 1997년 이후, 이웃 종교 간의 이해를 도모하기 위해 7대 종단 대표자들이 각 종단의 교리와 종교문화적 특성을 직접 설명하는 강좌를 마련하고 있고, 점차 각 종단의 문화를 총체적으로 이해하는 방향으로 그 폭을 넓혀가고 있습니다.

7) 이웃 종교 성지 순례 탐방: 이웃 종교인과 함께 성지순례를 한다는 것은 매우 뜻 깊은 일이지만 쉽지 않은 계획으로 보았습니다. 그러나 그 동안 자신이 몰랐던 이웃 종교의 지식과 경험을 현장에서 함께 나눌 수 있다는 것은 큰 축복이 아닐 수 없다고 봅니다.

8) 대한민국 종교예술제 개최

7대 종단은 문화관광부 지원으로 대한민국 종교예술제를 개최하고 있습니다. 종교예술제는 종교 간의 화합과 친선, 그리고 문화 교류를 통한 종교문화의 대중화를 위해 운영되고 있으며, 영화제, 미술제, 음악제로 구성되어 있습니다.

이 외에도 다양한 종교간 대화 모임을 가지고 서로 협력하고 있습니다. 금년(2005년) 10월 27일에는 서울에서 '평화' 혹은 '화해'를 주제로 각 종단에서 한 분씩 나와 함께 기도하며 이 주제를 중심으로 간단한 음악회를 하게 될 것입니다. 그리고 28일에는 이 주제를 중심으로 각 종단에서 보는 평화나 화해에 대한 세미나를 개최할 계획입니다.

이렇게 여러 가지 모임과 행사가 있음에도 불구하고 지금 자리를 함께 하고 계시는 분들 가운데 많은 분들이 처음 들어보신 내용들도 있으리라 생각됩니다. 왜냐하면 이러한 행사들이 지방에까지 확산되지 않고 서울 중심으로 이루어지고 끝나기 때문이 아닌가 생각합니다. 이러한 대화가 서울에서 1년에 한두 차례 종단 수장들끼리만의 대화로 끝난다면 의례적인 대화로 마감될 수밖에 없을 것입니다. 종교 간의 대화가 수도 서울에서 종단 수장들끼리만의 대화가 아니라 지방에서도 서로 연계성을 가지고 동시에 이루어지고, 그 대화를 통하여 이루어진 공감대가 실제 사회생활에서 종교인과 비종교인 가리지 않고 모든 사람들을 위한 헌신적인 봉사로 구체성을 드러낼 때 의미가 있지 않을까 생각합니다. 사랑과 평화를 중요한 가르침으로 드러내는 유대교, 그리스도교, 이슬람교의 성지인 예루살렘이 세계 전쟁의 화약고가 되어 있는 현실을 비종교인들에게 어떻게 설명해야 납득할 수 있는지 실로 어색하고 부끄럽기 짝이 없습니다.

3. 종교인들이 할 수 있고 필요한 일들

인간 자체와 인생살이에 있어서 근본이 되는 가르침을 중심으로 살고 있는 종교인들이 우리 사회, 좁게는 각자가 살고 있는 현장에서 할 수 있고 해야 할 일이 많다고 생각합니다. 비록 서로 다른 가치관과 삶의 목표가 있더라도 마음이 가까워지면 이성적으로는 납득할 수는 없을지라도 마음으로는 서로 이해할 수 있는 관계가 맺어질 수도 있을 것입니다. 이러한 관계는 무분별한 선입견과 편견으로 인한 몰이해와 미움을 제거하는 데 많은 도움이 되리라 생각합니다. 1986년 여름에 스페인어를 배우기 위해 잠깐 스페인에서 지낸 일이 있었습니다. 그 때 이란 정국이 아주 혼란스러웠는데, 많은 이란 사람들이 이란을 탈출하여 서유럽으로 들어왔었습니다. 제가 다니는 스페인어 학원에서 한 이란 아가씨도 저와 함께 스페인어를 배우고 있었습니다. 제가 기숙하고 있던 수도원 근처에 그 아가씨가 살았기 때문에 자주 함께 다녔습니다. 예전에는 이슬람교 사람들을 경계하고 기피하는 경향이 저도 모르는 사이에 몸에 배어 있었습니다. 그러나 이슬람교 신자 아가씨와 처음으로 가깝게 지낼 기회가 있었고, 가끔 이야기 하면서 참 순박하고 마음이 선하다고 느꼈습니다. 그 뒤로는 이슬람교 사람들에 대한 무분별한 선입견이 많이 해소되었습니다. 사실 자기와 다른 종교나 교파에 속한 사람일지라도 가까이서 지내다 보면 무차별적인 경계심이나 적대 감정을 갖지 않게 되리라 생각합니다. 따라서 우선 만나는 것이 아주 필요하고 중요하지 않을까 생각합니다. 교리를 이해하기 이전에 마음을 열고 만나면, 머리로 이해할 수 없는 경우에도 마음으로는 극복할 수 있을 것으로 생각합니다.

요즈음 많은 사람들로부터 문명의 위기라는 말을 듣고 있습니다. 인류가 이룩했다고 자랑하는 그 기술문명의 폐해로 인해 인류가 멸망하게 되었다는 자책의 우려와 염려가 현실적으로 드러나고 있습니다. 이 문명의 폐해는 결국 천박한 소비 문화와 이기적인 편의 위주가 낳은 결과가 아닌가 생각합니다. 경제 성장만을 지상 목표로 삼는 많은 나라들의 정책으로 인해 기술과학의 발달을 위해서는 온 힘을 쏟으면서도 그 기술을 활용하는 사람의 심성을 깨끗하고 올바르게 계발하며 인격을 도야하는 윤리 도덕의 문화를 외면하는 결과가 아닌가 생각합니다. 칼을 세계에서 가장 날카롭고 단단하게 만드는 최고의 기술을 개발하는 데는 온 힘을 쏟으면서도 그 칼을 쓰는 사람의 품격을 교육하는 데는 별로 관심이 없는 결과가 이렇게 드러나는 것 아닌가 생각합니다. 가장 날카롭고 가장 단단한 칼을 활용하는 사람에 따라서 그 칼이 소중한 생명을 앗아가는 흉기로 변할 수 있고, 그 반대로 사람의 생명을 살리는 수술칼이나 영양분을 공급하는 주방 기구로 활용될 수도 있을 것입니다. 그런데 교육의 목표가 마치 경제성장에만 있는 것처럼 몰고 가는 요즈음의 경향은 심히 우려하지 않을 수 없습니다. 기술과학 못지않게, 인문사회과학이 오히려 그 보다 더 중요하게 다루어질 때 무차별한 경쟁사회에서 상부상조하고 약한 사람이 보호 받을 수 있는 인간다운 사회를 이룩할 수 있지 않을까 생각합니다.

이러한 관점에서 우리 사회가 약육강식의 동물의 세계가 아니라 어떠한 사람도 소외됨이 없이, 오히려 정신적으로나 육체적으로 약하고 능력이 부족한 사람들도 인간적인 대접을 받으며 더불어 살아가는 사랑의 공동체를 이룰 수 있도록 우리 종교인들이 함께 협력할 수 있으면 좋겠습니다. 함께 대화하다보면 여러 가지가 있을 것입니다. 예를 들면, 바람직한 청소년 교육을 위해서 당장 할 수 있는 작은 일부터 종교인들이 서로 협력할 수 있을 것입니다. 요즈음 청소년들의 놀이문화가 피폐해가고 있습니다. 놀이라 하면 컴퓨터 오락 이외에 별로 생각나지 않는 상황입니다. 서로 몸을 부딪치며 양보와 타협, 대화의 인간관계와 사회성을 체험하며 익힐 수 있을 텐데, 그럴 기회가 별로 없는 것 같습니다. 새벽 별을 보고 학교에 가서 밤 12시가 거의 되어서 집에 돌아오니 가정교육이나 가정생활을 체험할 기회도 거의 없어지게 되었습니다. 적어도 토요일과 일요일만큼은 수치상 드러나는 학업을 떠나 친구끼리, 그리고 가족과 함께 생활할 수 있는 기회로 보장받을 수 있으면 좋겠습니다. 그렇게 되려면, 모든 학교와 학원이 토요일과 일요일만큼은 예외없이 문을 닫고, 그 학원 선생님들도 친구나 가족과 함께 시간을 보낼 수 있는 시간이 되면 좋지 않을까 생각합니다. 전국민적인 서명 운동을 벌여서라도 실시해보면 어떨까 생각합니다.

때 늦은 감이 없지 않지만, 전남대학교 종교문화연구소 교수님들이 발의하여 가칭 "**한국종교간대화학회**" 창립에 이르게 된 것을 진심으로 축하드리며 고맙게 생각합니다. 아무쪼록 이 학회가 현학적인 갑론을박에 머무르지 않고 실제의 삶에서 여러 종교의 다양한 가르침들이 조화를 이루어 더불어 살아가는 사랑의 문화가 열매맺는 데 큰 선익이 되기를 진심으로 바랍니다. 무더운 날씨에 함께 해주신 모든 분들에게 진심으로 감사드립니다.

2005. 7. 29.

한국 천주교주교회의 교회일치와 종교간 대화 위원회

위원장 김희중 주교

제1부 종교간 대화의 이론적 접근

종교간 대화, 그 '간'의 논리

이 찬 수

강남대학교 교수

목 차

1. 종교에 대한 오해 - 종교의 물상화

사람들은 지상에 불교, 그리스도교, 이슬람교 등으로 불리는 다양한 '종교들(religions)'이 있다며 자연스럽게 말한다. 기본적으로 종교라는 것을 하나, 둘, 셋, 셀 수 있는 상호 독립적인 집단들로 간주한다. 개별 독립체로서의 종교들이 '여럿'이라고 생각하다 보니 종교 생활을 하는 것도 저마다 독자적인 교리 체계에 근거한 상호 배타적인 집단들 중 어느 하나에 속하는 것이라고 보게 된다. 불자는 당연히 불교적 교리 체계나 생활 방식에 따라서만 살아가는 사람들이고, 그리스도인 역시 그리스도교 교회에만 속한다고 간주한다.

이렇게 보면 그리스도인이면서 동시에 불교적 요소를 갖거나 불자이면서 동시에 그리스도교적 요소를 갖는다는 것은 애당초 불가능해진다. 종교 생활을 하는 사람은 필연적으로 하나의 종교 전통에만 속할 뿐 동시에 다른 전통에는 속할 수 없겠기 때문이다. 이렇게 종교라는 것을 그 외적 차별성에 따라 상호 대립적으로 생각하다 보니 필연적으로 타자에 대한 '배타적' 태도가 생겨나거나 자기 우월적 타자 흡수 태도도 생겨난다.

종교사학자 윌프레드 캔트웰 스미스(Wilfred Cantwell Smith)에 의하면, 그렇게 되는 이유는 종교라는 것을 저마다 독자적인 교리 체계에 근거한 상호 배타적이고 독립적인 집단 같은 것으로 간주하기 때문이다. 마치 물의 세계를 알지 못하는 파리가 어항 유리에 붙어 유영하는 금붕어를 구경하듯이, 그저 비참여적인 관찰자의 시각에서 '물상화(物像化, reification)'된 차별적 현상들을 종교의 전부로 여긴 탓에, 종교를 동일한 교리 체계를 고백하고 보존하는 하나의 인간 집단 내지는 그 집단 안에 담긴 선택적 교리 체계들로만 해석하게 되었고, 그 결과 종교적 다양성은 대립과 갈등의 근원으로 작용하게 되었다. 종교 현상들을 애당초부터 상관성이나 상통성이 아닌, 상호 대립적인 자세로 보아온 것이다.

그러나 그 차별적인 외견만으로 이른바 종교라는 것을 다 설명할 수 있을까? 생동하는 종교의 다양한 모습들을 특정 인간 집단이나 교리 체계 안에 다 가두어 둘 수 있을까? 자세히 살펴보면, 종교적 현상들은 불교, 그리스도교 등의 이름으로 별도 분리되기에는 너무나 다양하고 끝없이 변화하며 쉬지 않고 생성된다. 같은 종교 안에서도 서로 이질적일만큼 다양한 종파들이 존재하는가 하면, 다른 종교들 간에도 사실상 공통되는 점들이 발견된다. 종교를 어떤 항구적인 본질로 규정하기에는 내적으로나 외적으로 무한하리만치 다양하고 풍부하다. 이 마당에 종교라는 것을 하나, 둘, 셋 셀 수 있는 명사적이고 배타적인 실재들로 규정하는 것은 무리가 아닐까? 생생한 불자의 삶이 불교라는 교리 체계 안에 다 갇힌단 말인가.

2. 대안적 종교관 – 종교의 형용사화

그렇다면 종교라는 것을 어떻게 보아야 할까? 이런 물음 앞에서 스미스의 입장은 여전히 시사하는 바가 크다. 그는 이러한 상황을 진지하게 성찰하고서, 종교들을 '명사'로서가 아닌, '형용사적'으로 보자는 신선한 제안을 한다. '불교', '그리스도교',

'이슬람교'와 같은 명사적 표현 보다는 '불교적', '그리스도적', '이슬람적' 등의 형용사적 표현을 중시하자는 것이다. '불교적인' 것은 불교 안에 있으면서도 불교 안에만 갇히지 않고, '그리스도적인' 것 역시 그리스도교 안에 있으면서 그리스도교 안에만 제한되지 않으리라 보기 때문이다. 위선적인 그리스도인보다 훨씬 더 '그리스도적인' 사람을 불교 '안'에서도 볼 수 있게 될 것이고, 여느 불교인 못지않게 '불교적인' 사람을 그리스도교 '안'에서도 볼 수 있으리라는 것이다. '스님보다 더 스님다운 신부님', '목사님보다 더 목사님다운 스님'을 얼마든지 만날 수 있으리라는 것이다. '종교'라는 명사보다는 '종교직'이라는 형용사적 표현에 더 큰 가치를 두고 그러한 태도를 지니면, 한 종교 전통 안에 있으면서도 다른 종교적 가치도 동시에 살아가는 인간의 현실에 눈뜰 수 있을 것이며, 인류의 형제 · 자매됨을 여실히 보게 되리라는 것이다(四海同胞皆兄弟姉妹!).

이상은 스미스식 종교관의 요약이다. 이것은 종교간 대화론을 다루려는 본 논문에 몇 가지 통찰을 제공해 준다. 무엇보다 종교간 대화를 하고자 할 때 대화 주체가 대화 상대를 어떻게 대해야 하는지 그 자세를 교정해 준다는 점이다. 스미스에게 종교란 외적 차별성의 세계가 아니다. 예배당이 그리스도교의 전부가 아니고 산중 사찰이 불교의 전부가 아니다. 바이블이 그리스도교의 전부가 아니고, 불전(佛典)이 불교의 전부가 아니다.

그리스도교를 그리스도교 되게 해주고, 불교를 불교 되게 해주는 것은 외적, 가시적 전통만이 아니고, 그러한 전통을 낳은 신자의 내적 신앙이다. 물론 내적 신앙도 외적 전통과 늘 교감하는 까닭에 어느 정도 가변적일 수밖에 없지만, 그럼에도 불구하고 변화해가는 이 내적 신앙에 종교의 핵심이 있다는 것이 스미스의 지론이다. 종교의 핵심은 정적 교리 체계나 의례 행위 같은 전통 자체가 아닌, 신자들의 마음 속에 있다는 것이다. 종교를 객관화, 사물화시켜 보는 순간 종교는 그저 사물로서만 보이고 그러한 종교의 역동성, 그 종교적 삶을 사는 사람의 마음, 신앙은 눈에 들어오지 않게 되는 것이다.

3. 상호 인격적 종교 이해

종교를 대하는 이는 무엇보다 상대의 내적 신앙을 볼 수 있어야 한다. 뿐만 아니라 그렇게 보는 주체 역시 인격적이어야 한다. 대하는 주체와 대상이 모두 인격적이면 그 관계도 인격적이 된다. 여기에는 종교간 대화도 상호 인격적(interpersonal) 차원에서 행해져야 한다는 제안이 들어있는 셈이다. 이런 식의 대화는 상대방과 자신을 더 충실하게 인격적으로 이해함으로써 인류 공동의 장을 더욱 넓혀준다.

스미스는 이 부분을 더 확대해 종교간 대화는 나와 너의 양자간 대화라는 차원에서 더 나아가, '나와 너/우리들과 너희들'

이 어우러진 '우리가 우리와' 대화하는 공동체 의식의 함양에까지 이르러야 한다고 강조한다. '나'라는 주체가 불교나 그리스도교, 이슬람교를 대상적으로 관찰하는 정도가 아니라, 우리가 우리의 일부인 불자, 이슬람, 그리스도인에 대해 인격적으로 말할 수 있어야 한다는 것이다. 다른 신앙인과 대화한다는 것은 더 이상 내가 나와 분리된 너에게 말하는 것이 아니라, 우리가 우리에게 이야기하는 것이다. 스미스에 의하면, 이것이 객관주의와 주관주의를 넘어서는, "비판적인 공동의 자의식(critical corporate self-consciousness)"이다. 비판적인 공동의 자의식이란 관찰되는 사람과 관찰하는 사람 모두 주어진 인간의 특수한 상황을 공동체의 한 부분에 속하는 것으로 인식하고서, 주관적(인격적, 실존적)이면서도 객관적(외면적, 비판적, 분석적, 과학적)으로 인식할 때의 비판적이고 합리적이고 귀납적인 자의식을 의미한다. (Wilfred Cantwell Smith, pp.162-163) 인격, 신앙에 관한 진술은 그 대상으로서의 인격과 비판적 관찰자 모두가 포함될 때 비로소 타당한 진술이 된다는 말이다.

스미스는 이런 식으로 대화의 객체와 주체의 긴밀한 상관성을 보면서 종교학의 사명을 모든 종교인들이 서로 '우리'라는 의식을 가지고 사는 세계의 건설에서 찾는다. 파니카가 다음과 같이 말할 때 그것은 분명히 스미스의 입장을 염두에 둔 것이다: "인간이란 개인이 아니라 인격이다. 즉, 그 안에 모든 성별과 숫자를 포함하는 나(I) — 너(Thou) — 그것(It) 사이의 '관계' 덩어리인 인격이 가장 근본적인 것이다."(김진 편, p.259)

종교간 대화를 통해 '우리'라는 공동 의식이 확장된다는 말은 상대 종교인을 대하는 자세가 그렇게 대하는 관찰자 자신의 문제도 된다는 뜻이다. 관찰자 자신이 관찰 대상에 인격을 매개로 '참여'하는 것이기 때문이다. 이것은 비참여적 관찰자에게만 보일법한 외적 차별성보다는 그 종교 안에 참여하고 있는 종교인의 내적 마음, 생동하는 삶을 더 중시하자는, 기왕에 관찰하려면 '참여적 관찰자'의 시각을 견지하자는 뜻이다. 그 '참여'가 바로 불교적이면서도 그리스도교적이고, 이슬람교적이면서도 그리스도교적인 것을 보게 해준다. 상대 '에 대한 개념적 인식'을 가지는 것이 아니라, 상대 '를 체험하는 행위적 인식'을 가지는 것이라고도 할 수 있다.(김희진 역, pp.82-83) 관찰자 자신이 바로 그 대상이 되어서 그 대상의 내면을 느껴보는 것이다.

그러면 그렇게 관찰된 종교 현상이 다시 관찰자를 변화시켜준다. 그렇게 해서 종교 현상을 형용사적으로 보는 행위는 관찰자 자신의 문제가 되는 것이다. 자신을 충분히 알고 이해한다며 시작된 종교간 대화가 결국 상대에 대한 이해 속에서 자신에 대한 새로운 이해로 이어지는 것이다. 이렇게 타자에 대한 이해는 물론, 충분하다는 자신에 대한 이해조차도 새로운 이해의 가능성에 늘 개방적이어야 하는 것이다.

4. 적(的)의 논리, 근본적 근본주의

'그리스도적', '불교적'에서의 이 '적(的)'이라는 표현은 관찰된 종교 현상들이 결코 서로 대립적이지 않을 뿐만 아니라, 타자에 대한 개방성 속에서 자기 정체성을 유지해가는 관찰자의 태도까지 함축적으로 보여준다. 물론 '적'은 대상적으로 관찰된 종교 현상들에만 적용되는 것이 아니다. '적'은 대화 상대에 대한 이해 속에서 재이해된 대화 주체와 기존의 대화 주체 사이에도 적용된다. '적'이라는 형용사적 개방성은 관찰자 자신도 변화시켜 준다. '적'이 관찰 주체와 대상 '사이'에 다리를 놓아줄 뿐만 아니라, 다자를 포용하는 가운데 자기정체성을 유지해가는 공간도 담고 있는 것이다.

이러한 '적'의 논리 내지는 형용사적 종교관은 연구자 자신의 변화까지 요청하는 역동적 흐름의 표현이다. 그리고 그러한 변화 속에서 그리스도적이기도 하고 불교적이기도 한 부분이 읽힌다. 이러한 '적'의 논리에서 보자면, 불자의 깊은 세계로 들어가면서 그 곳에서 그리스도교적 가치도 발견할 줄 아는, 참으로 인간 내면의 초월적 가치를 구체화시킬 줄 아는 자세가 진정한 종교적 자세가 된다. 자기 자신의 고유성은 물론 타자에 대한 개방성 속에서 변화하는 고유성을 보는 것이 종교간 대화의 목적이자, 진정한 종교인의 자세가 되는 것이다.

그리고 여기가 구체적 경험의 세계를 창조적으로 살려내고 문자적 근본주의를 벗어나 '근본적 근본주의'가 도달해야 할 지점이기도 하다. 근본주의는 근본적으로 근본적이어야 하는 것이다. 구체적 문자에, 제한적 경험에 사로잡힌 근본주의를 꿰뚫고 다양해 보이는 종교적 가치들이 상통하는 근본에 도달할 때, 종교 간의 갈등과 불화는 평화와 조화로 전환한다. 문화, 문명의 핵심에 종교라는 것이 있다는 틸리히(Paul Tillich)의 주장을 받아들인다면, 이렇게 내적으로 참여하는 자세 속에서 문명 간의 충돌도 어불성설이 되고 말 것이다. 서로가 서로에게서 배울 때, 아니, 내가 너에 대해 배우는 것을 넘어, 내가 너에 대해 배우는 열린 자세로 너로 하여금 나를 배우도록 참으로 도와줄 때, 그런 식으로 서로를 체험하는 '행위적 인식'을 가질 때, 종교가 비로소 살아 움직이는 실재가 된다. 그것이 불교를 불교되게, 그리스도교, 이슬람교를 그리스도교, 이슬람교 되게 해주는 자리인 것이다.

5. 종교간 대화 - 역동적 상호 교환 행위

이미 함축적으로 이야기되었지만, 종교간 대화는 엄밀하게 종교인간 대화이다. 종교인들이 저마다의 종교적 선입견 속에서 행하는 상호 이해의 과정이 종교간 대화이다. 대화는 일단 상대방에 대한 정확한 이해를 도모하기 위해 필요하지만, 나 역시 내가 상대방에 의해 상대화된다는 점을 염두에 둔다면, 종교간 대화는 상대방에 대한 이해를 도모할 뿐만 아니라 내가 상대방에 의해 제대로 이해되기를 바라는 행위이기도 하다. 내가 상대에 의해 제대로 이해되는 행위가 소극적 의미의 '선교'라면, 어찌되었든 선교가 이루어지기 위해서라도 '대화'는 필수적이다. — 물론 이 때의 선교는 당연히 서로가 서로에 의해 선교되는 상호 선교이다. — 대화는 나와 상대방 간 역동적 상호 교환행위가 될 수밖에 없는 것이다. 일본 쿄토학파 철학자인 우에다 시즈테루(上田閑照)의 대화론에서 좀 더 힘을 얻어 보자.

> [대화에서] 자기가 이야기하는 사람이 된다는 것은 상대와의 관계를 자기가 주최하여, 상대와의 관계에서 자기가 '주(主)'가 되는 것이다. 이번에는 상대에게 양보하여 상대의 말을 듣는 것은 상대를 '주(主)'로 삼는 것이다. 즉, 역할의 교체라는 것은 '주'의 존재 방식을 교환하는 일의 하나이다. 대화의 (…) 근본은 상대를 '주'로 삼는 존재 방식의 교환이다. 그리고 이 경우 중요한 것은 인간은 자기가 '주'일 때만 자기인 것이 아니라, 동시에 자기로부터 떠나 '주'를 상대에게 양보하는 존재방식에 있어서도 그러한 존재방식이 가능한 한 참으로 자기라고 하는 것이다. (上田閑照, pp.156-157)

대화는 정보 전달의 수단이기 보다는 주체의 교환이다. 자기의 존재 방식은 자기가 '종'이 되고 상대를 '주'로 삼는 데서 성립한다. 대화란 단순히 말마디만 오고 가는 것이 아니라 인간의 존재 방식을 근원적으로 보여준다. 그래서 '대화는 인간 존재 바로 그것'인 것이다. 우에다는 다시 이렇게 말한다.

> 인간 존재는 본래 대화적 존재이다. 따라서 대화는 인간 존재의 본래부터 요구되어 왔다. 참으로 대화할 수 있다는 것, 즉 인간 존재의 본래가 실현될 수 있다는 것은 타자와의 관계에서 '자기임과 동시에 자기를 떠난 자유로운 자기'이지 않으면 안 된다. 역으로 대화는 인간을 본래 있는 방식으로 훈련하는 장이다.(上田閑照, p.145)

이러한 인간 존재 방식으로서의 대화는 상대적 관계를 맺고 있으면서도 자기 정체성을 충실히 유지시켜 나가도록 해준다. 상대방이 철저하게 긍정되지 않으면 상대방도 죽고, 따라서 자기도 죽는다. 같은 하늘 아래에 원천적인 적(敵)이란 있을 수 없다. 유효적절하게 이들은 공존한다. 그래서 대화는 서로가 서로의 주체가 되는 방식으로 서로가 서로에 의해 풍성해지는 행위인 것이다.

6. 나와 너의 관계성

이렇게 대화에서 '나'를 규정해주는 것은 '너'이다. '너'는 기존의 '나'에게 하나의 차이로 도전해오면서 나를 비울 것을 요청한다. 나를 비우고 너를 나의 주인으로 받아들일 것을 요구하는 것이다. 이러한 요구에 진지하게 응할 때 그리스도교 신학도 이루어진다. 클루니의 기본 입장이 그렇듯이(Francis X. Clooney, pp.1-13), 신학은 너에 대한 진지한 수용적 탐구를 통해 변화된 나를 조명하는 작업이기도 하다. 이것을 좀 더 적극적으로 전개해나가면, 이러한 그리스도교적 입장 속에서 동시에 불교적일 수 있는 가능성도 열리고 구체화되는 것이다. 그리스도적 정체성이 자기를 비워 불교 안으로 들어가는 곳에서 참으로 불교와 통하는 그리스도인이 되고, 불교적 정체성이 자기를 비워 그리스도교 안으로 들어가는 곳에서 참으로 그리스도적 불자가 된다. 이들은 대립적이거나 상반적이지 않고, 상대 앞에서 자기를 비워 상대를 자기의 주체로 앉힘으로써 참으로 자기가 주체가 되는 상보적, 상관적인 것들이다. 서로가 서로의 주인이 됨으로써 자기가 주인이 되는 식이다. 자신 안에 상대를 앉힘으로써 자신의 정체성을 잃어버린다든지 하는 것이 아니라, 도리어 상대에 의해 변화됨으로써 자신의 정체성에 충실하게 되는 것이다.

이렇게 '너'는 나에게 하나의 차이로 도전해오면서 자신을 비우고 그 차이를 받아들일 것을 요청하는 나의 주체이다. 레비나스(E. Levinas)의 말처럼 '타자의 얼굴'은 나에게 하나의 윤리적 요청이다.(강영안, pp.235-241) 이 요청에 충실할 때 인간이 비로소 인간이 되는 것이다. 아이의 얼굴은 엄마와 아빠의 존재를 규정해줄 뿐 아니라 행위까지도 규정해준다. 엄마와 아빠가 엄마와 아빠가 되도록 해주는 것이다. 정치가와 국민의 관계, 연주자와 청중의 관계, 사제와 일반 신자의 관계 등도 역시 그렇다. 이웃이 나와 다른 타자인 것은 분명하지만, 이웃을 그저 나와 분리된 하나의 객체로서만 본다면 그곳에서 진정한 이웃 사랑은 발생하지 않는다. 이웃이 바로 나의 주체라는 사실이 확증되는 곳에서만 이웃을 내 몸처럼 사랑할 수 있게 되는 것이다. 그런 사랑 속에서 그리스도 신앙이 완성되는 것이라면, 이웃이야말로 '나'의 실존을 규정하는 나의 주인이다. 이웃 없이 '나'의 세계는 완성되지 않는다. 이렇게 너와 나의 '관계'에서만 새로운 창조가 이루어지는 것이다.

물론 불교든, 그리스도교든, 이슬람교든 저마다 주체성을 지닌, 독자적이고 상이한 타자들이다. 하지만 가다머가 해석을 '친밀성'과 '소원성'의 양극에서 이루어지는 것으로 보았던 것처럼(이유선 역, p.107), 이러한 상이성과 독자성은 도리어 서로 친밀한 관계를 맺을 수 있는 적극적 '거리'로 작용한다. 가다머에게 소원성은 소원하기만 한 것이 아니고 친밀성은 친밀하기만 한 것이 아니다. 소원성과 친밀성이라는 양극은 서로가 서로를 조건지으면서 성립되는 것이다. 이 양극은 새로운 체험의 발생을 요구하면서 동시에 그 체험을 발생시키는, 새로운 체험의 주체들이다. 가령 한국에서 그리스도교는 여전히 전통적 사고방식이나 문화와 온전히 조화하고 있지 못하지만, 역설적으로 그 낯섦 내지 소원성이 신선함으로 작용하면서 한국인으로 하여금 그리스도교로 다가가도록 만드는 요인도 되는 것이다.

이런 식으로 종교들 간 상관적 관계가 맺어진다면 그것은 소원성에서 오는 것이기도 하다. 이 소원성으로 인해 자기변화가 일어나며 그 변화 속에서 종교적 상통성이 이루어지는 것이다. 그 곳에서 그리스도교적 전통과 불교적 전통은 더 이상 소원하지 않게 된다. 서로에게서 친밀성을 경험하기 때문이다. 역으로 그리스도인과 불자 사이에 소원성이 있다면, 이것은 더 적극적 관계를 맺을 수 있는 기회로 작용한다. 소원성이 서로에게서 친밀성을 체험하게 해주는 적극적 '거리'로 작용하는 것이다. 서로가 친밀해진다는 것은 관계가 맺어진다는 것이다. 역으로 관계가 맺어짐으로써 친밀해질 수 있는 것이다.

이런 점에서 부버(M.Buber)의 '나와 너'(Ich und Du)가 개별적 주체 중심의 오랜 서양 철학에 반기를 드는 새로운 '관계·만남의 철학'인 것은 분명하다. 나는 오로지 너로 인해 가능하며, 역으로 너 역시 나로 인해 가능하다. 너는 나를 나로서 규정해주는 나의 주체이며, 그런 점에서 신의 은총과 같다. 이러한 인격적 깊이에서 만나는 너는 결코 비인격적 '그것'이 되지 않는 '영원한 너'(eternal Thou)이다. '너'를 '나'와 대립하는 '너'로서 보지 않고, 나를 나 되게 해주는 너로 보는 곳에서 마침내

'영원한 너'를 만난다. 인간은 나 따로, 너 따로 있지 않고 언제나 '나와 너'로, '나—너'의 관계로 존재하는 관계적 존재인 것이다.

7. 관계적 거리, 사이의 논리

이렇게 '관계'야말로 새로운 체험, 친밀성의 체험을 낳는 적극적인 것이다. 그 체험의 정도는 '관계적 거리'(relational distance)에서 결정된다. 여기서 관계적 거리는 시간성과 공간성을 모두 포함하는 개념이다. 여기서 시간성은 인간의 존재 구조를 시간성으로 파악한 하이데거의 입장과 그것을 역사적인 차원에서 재해석한 가다머의 입장을 모두 포괄해서 쓴 말이다. 특히 가다머는 '시간적 거리'야말로 역사 안에서 새로운 이해를 낳는 적극적인 계기라고 보았는데, 이러한 시간적 거리만으로 새로운 것의 탈은폐를 충분히 설명하기에는 부족해 보인다. 시간성과 공간성을 하나의 차원에서 동시에 볼 필요가 있다. 이것은 선불교적 입장이기도 한데, 가령 쿄토학파의 집대성자인 니시타니 케이지(西谷啓治) 같은 이는 '윤회'라는 신화적 세계관을 해설하면서 이렇게 말한다: "시작도 끝도 없는 시간과 그 속에서의 우리 존재는 세계라는 전체적 연관을 떠나서 생각할 수 없다. (…) 시간적 연관은 또한 끝없이 큰 공간적 연관과 하나가 되어 서로 결부하고 있다."(정병조 역, p.333) 시간과 공간이 서로 하나가 되어 상호 결부하고 있는 것이다.

특별히 윤리학자 와쓰지 데쓰로(和辻哲郎)는 존재를 시간 상에서 파악한 하이데거의 입장을 비판하고, 이해의 공간적 차원을 적극적으로 전개한다. 그는 공간성을 '풍토(風土)' 현상으로 파악한다. 그에 의하면 우리가 우리 자신을 발견하는 곳은 풍토 안, 구체적으로 말하면 풍토와 우리 자신의 관계 '안'이다: "우리들은 풍토에서 우리들 자신을, 관계[間柄]로서의 우리 자신을 본다."(和辻哲郎, p.14) 우리 자신이 우리 자신이 되는 곳은 우리와 풍토 '사이'에서이다. 우리의 존재 방식은 물론 의식주 방식 전체가 풍토에 의해 풍토와 우리의 사이 안에 규정되어 있다. 그런 점에서 풍토는 인간의 자기이해(自己了解) 방식 전체에 걸쳐 있다. 낱말상으로만 보면 공간성을 더욱 내포하는 듯하지만, 사실상 풍토적 공간성은 시간성과 상즉불리(相卽不離)의 관계에 있다. 그에 의하면, "인간 존재의 구조를 시간성으로만 파악하려고 하는 시도는 개인 의식의 근저에서만 인간 존재를 보려고 하는 일면성에 빠져버린다." 공간성을 동시에 보아야 한다는 것이다. 인간의 개인 의식은 물론 사회성, 공동체성도 시간적 차원에서의 역사성만이 아니라 풍토성에서 그 구체성을 획득한다. 그러기에 "인간은 단순히 일반적인 '과거'를 짊어지고 있는 것이 아니라 특수한 '풍토적 과거'를 짊어지고 있다."(和辻哲郎, pp.19-20) 역사는 처음부터 풍토적 역사이며, 풍토는 처음부터 역사적 풍토이다. 인간은 이러한 근원적 풍토성에서 따로 떼어 설명될 수 없다. 이미 풍토와의 관계 속에 있는 까닭에 인간으로서의 존재성이 획득되는 것이다. 이러한 풍토는 '삶의 자리(Sitz im Leben)'에 대한 동아시아적 표현이라 해도 무방하겠다.

그렇다면 천오백년 이상 불교 내지 유교적 전통을 직간접으로 경험해온 한국인의 경우는 그리스도교적 정체성도 불교 내지는 유교라는 "경험된 타자"(the experienced other)와의 관계 속에서 획득하게 되는 것이라고 할 수 있다. 다양한 종교 전통들이 공존하고 있는 한국의 경우에서는 누구든 이러한 관계성을 이미 획득하고 있다. 부버의 말처럼 한국인은 애당초 다양한 종교 현상들과의 관계 안에 놓여 있는 것이다(Im Anfang ist die Beziehung).

이 '관계'가 사람을 사람 되게 해준다. 사람[人]을 참으로 사람 되게 해주는 것은 그 사람과 사람 사이[間], 즉 사람들 간의 관계이다. 인'간'이 인간인 것은 그 '사이'에서 비롯된다. 그 '사이'가 사람과 사람, 저마다의 주체를 포섭하면서 그 주체로 만들어주는 것이다. 이런 맥락에서 부버는 이렇게 말한다: "'사이'란 보조 개념이 아니다. 오히려 인간과 인간 사이에서 일어나는 인간적인 현상의 현실적인 장소요 지주이다."(남정길 역, p.145)

다양한 전통들의 주체성은 이미 다양한 전통들과의 관계에서 성립되는 것이다. 관계는 관계 주체들을 포섭하고 변화시키는 주인이다. 관계는 인식론적으로나 논리적으로만이 아니라 존재론적으로 주체를 규정한다. 우에다(上田閑照)가 "인간과 인간의 관계 속에서 모든 사건이 함께 결정된다."고 말할 때, 그리고 "인간과 인간 '사이', (…) '인간과 인간'의 그 '과'가 모든 사건의 무대 그 자체가 된다."(上田閑照, p.154)고 말할 때도 바로 이것을 뜻한다. 우에다가 앞서 말한 '대화'적 존재로서의 인간 규정도 이런 논리를 적용한 결과이다. 대화는 단순한 정보 전달의 수단 차원이 아닌, 참으로 자신을 내어줄 때 성립되는 종교적 차원에서의 주체의 교환이다. 자신이 '종'이 되어 상대를 '주'로 세울 때 결국 자신도 세워지는 식이다. 인간은 대화를 통해 자신의 존재를 획득한다. 참으로 자신의 존재성이 긍정되고 획득되는 사건이야말로 종교적 사건이 아닐 수 없다. 이 종교적 사건은 이미 관계 맺어져 있는 '만남'의 장 안에 있기에 가능한 것이다. 오트(Heinrich Ott)가 하이데거에 근거해 "만남은 본원적"이라고 할 때도 같은 맥락으로 보인다.

> 만남은 '본원적'이다. 사람은 언제나 이미 그의 만남들 가운데 있다. 만남이 없으면 사람은 사람이 아닐 것이다. (…) 만남 자체로부터 출발해야 한다. 만남에서야 비로소 하느님이 누구시며 사람이 누구인지 밝혀진다.(김광식 역, p.69)

인간은 이미 만남 안에, 일체의 관계 안에 들어서 있다. 나와 너가 만나고 있고, 인간과 신이 만나고 있다. 이 만남은 내가 만들어놓은 일이 아니라, 나의 구체적 경험에 앞서 이미 그렇게 주어져 있는 '제일의 접촉' — 타키자와 카츠미(瀧澤克己)의 표현 — 이다. 가장 본원적인 사건이기에 지극히 종교적인 것이다. 인간은 원천적으로 종교적인 세계 안에 발을 디디고 있다. 그러기에 참으로 인간인 것이다. 인간은 이미 만남 혹은 관계 안에 있기에 비로소 인간일 수 있다. 인간을 인간으로 규정해주는 것이 만남 혹은 관계라는 말이며, 앞에서의 표현대로 '사이'이다. '사이'가 인간을 인간으로 규정하고 있는 까닭에 나와 너 '사이'에서 벌어지는 대화라는 것은 나와 너 '안'에서 벌어지는 대화와 같다. '사이'가 이미 주체 '안'에서 주체를 규정해주는 것이다. 종교들 '사이'에서(inter-religious) 벌어지는 대화 역시 그 종교를 규정해주는 종교들 '안'에서의(intra-religious) 대화라고 보는 파니카(Raimundo Panikkar)의 입장도 이와 통한다고 할 수 있다.

8. 대화와 비교

새삼스러울 것도 없지만, 대화(對話)의 한자상 의미는 마주하고[對] 이야기하는[話] 것이다. 마주한다는 것은 둘 이상 대상의 상대성(相對性)을 전제한다. 서로 마주하는 행위에는 이미

나를 규정하는 네가 들어와 있다. 그렇다면 대화는 내 속에 네가 들어온 뒤 변화한 나와, 그 나에 의해 다시 보인 너 사이에서 공통성과 차별성을 확인하는 작업이기도 하다. 그리고 그것은 너에 대한 이해이기도 하다. 내가 너와 대화하면서 너를 이해하고 나를 이해시키는 것이 대화라면, 그 대화는 너에 의해 이해되기를 바라는 나와 너 사이의 비교 작업이기도 하다. 그리고 너에 비추어 내가 무엇이 다르고 무엇이 같은지 확인하는 작업이 너에 대한 나의 이해 행위라면, 그 이해 행위는 대화의 과정이자 목적이기도 하다.

그런데 가만 보면 이것은 종교간 비교의 논리에도 그대로 적용된다. 하나의 비교 주체가 둘 이상의 대상들 사이에 놓인 차별성과 공통성을 제대로 정리하는 것이 비교라고 한다면, 대화 역시 공통성과 차별성을 동시에 확인하는 작업이 아닐 수 없는 것이기 때문이다. 무엇이 비슷하고 무엇이 다른지, 무엇이 공통적이고 무엇이 개별적인지, 그 개별성을 손상시키지 않은 채 공통성을 찾아 정리하는 작업, 더 나아가 그 공통성과 개별성에 담긴 중요한 의미까지 드러내고 정리하는 작업이 종교간 비교 행위라고 한다면, 공통점을 드러낸다며 비교 대상들이 지닌 기존의 독특성과 차별성을 상실시켜버려서도 곤란하다. 공통점을 드러내면서도 개개의 독자성을 끝없이 유지해나가는 것이어야 한다. 아니 비교라는 작업 자체가 비교 대상들의 본래적인 모습을 유지하고 가장 잘 드러나도록 해야 한다는 전제를 지니는 행위이다. 비교철학자 라쥬(P.T.Raju)가 비교 연구의 의미를 주로 인간의 공통적인 본성, 공통분모, 동질성 등을 밝히는 데서 찾고 있지만(최흥순 역, p.48, 104 등을 참조), 이것은 자칫 비교 대상들의 개별적 독특성을 희석시켜버릴 위험성을 안고 있다. 공통되고 유사한 그 무엇이 있을 때 비교 행위가 이루어지는 것이기는 해도, 반드시 비교되는 사물을 그 사물 되게 해주는 독특성과 차별성을 견지하는 가운데 그렇게 해야 하는 것이다. 결론을 미리 의도한 짜 맞추기식 비교 작업은 비교 대상을 기만하고, 그 개체성을 파괴시키는 행위이다. 비교 대상은 사라지고 독단적 비교 주체의 오만한 의도만이 남게 되기 때문이다. 종교들의 비교에서 흔히 벌어질 수 있는 자세인, 배타적 호교론의 차원에서 행해지는 자기 우월적 비교는 이미 비교가 아닌 것이다.

9. 대화의 한계와 역설

물론 대화의 상대가 하는 말은 대화의 주체 안에서 들린다. 그런 점에서 대화 행위에는 상대를 이해하고자 하는 대화 주체가 포함되어 있다. 다른 식이 아닌 이런 식으로 이해하고, 이런 점에서 유사하고 저런 점에서 상이하다고 판단한 대화 주체의 시각이 있음으로써만 대화 행위가 가능해진다는 말이다. 바꾸어 말하면 대화는 대화 주체의 '선입견'이 이미 개입된 사건이라는 뜻이다. 대화에는 언제나 상대방은 물론 자기 자신까지 포함되고, 따라서 누가 대화에 참여하느냐에 따라 대화의 과정과 결과가 달라지기도 한다. 칸트식 '인식의 코페르니쿠스적 전환'에 함축되어 있듯이, 어떤 이해이든 그 이해 주체의 기존 인식 구조 혹은 선이해에 영향을 받지 않을 수 없는 것이다. 마찬가지로 어떤 종교적, 신앙적 사실이라도 그것은 그 종교학자 혹은 신봉자의 내적 틀 혹은 형식을 반영해주며, 그가 속한 사회 - 문화적 토양에 의거해서만 그러한 종교적 사실에 대한 이해가 생겨나는 것이다.

그러나 역설적이게도 진정한 대화는 대화 주체의 이러한 제한성, 그의 '선입견'을 통해서만 이루어진다. 기존의 사회 - 문화적 지평에 제한되어 있는 곳에서만 바로 그 제한성을 통해 대화가 이루어지고, 그 결과가 독자 혹은 청자는 물론 대화 주체를 변화시키며, 그렇게 변화하면서 대화 주체와 그가 속한 사회의 정체성도 유지되어 나간다. 이것이 대화의 결과로부터 나오는 목소리가 살아 움직이고 있는 현장이다. 차이를 내 안에 흡수함으로써 내가 변하고 그런 식으로 사회적 흐름을 형성해 나간다. 사회적 흐름은 어찌되었든 대화의 산물이다. 대화 없는 역사는 없다. 차이가 녹아들어가면서 역사와 전통을 이루어가게 되는 것이다. 인간은 이미 차이를 감내해 내고 있는 것이다.

물론 대화에는 규칙이 있다. 역사와 전통이 대화의 결과라 해도, 의식적인 차원에서 추구해야 하는 방향성조차 없는 것은 아니다. 무엇보다 대화를 빙자한 일방적 독백이 되어서는 안된다. 가다머가 타자에 개방적이지 못한 독단적 권위를 경계했듯이, 대화 주체의 지평을 절대시하는 데서 오는 결론은 정당화될 수 없다. 기존 입장에서 대화를 시작한다 하더라도 내려진 결론이 정당성을 획득하기 위해서는 몇 가지 원칙이 지켜져야 한다.

첫째, 대화 주체의 유한하고 제한된 지평을 남에게 강요해서 인위적이고 예정된 결론을 이끌어내려 해서는 안 된다. 대화를 통해 내용적 동일성을 획책하고자 해서도 안 된다. 앞에서 말한 대로 배타적 호교론의 차원에서 행해지는 대화는 이미 독백(monologue)에 지나지 않기 때문이다.

둘째, 대화의 결과 앞에 개방적이어야 한다. 그 결과 앞에서 대화 주체의 기존 선입견도 바꿀 수 있어야 한다. 이것은 대화 상대 자체를 존중할 때에만 가능한 일이다. 대화 상대 앞에서 진지할 때에만 상대방과의 차별성과 유사성이 자연스럽게 도출된다. 상대방이 하고자 하는 말에 귀 기울이고, 그것이 스스로 말을 할 수 있도록 해야 한다. 대화 상대와의 관계가 밝혀지면서 새로운 의미도 발생하고, 그로 인해 대화 주체도 변화될 수 있는 것이다.

주체는 변화하지 않고 대상의 변화만 바라고 고집하는 것은 독단이다. 저마다의 독자성, 드러난 차이를 그 차이로서 긍정하고, 자신 안에 포용할 수 있어야 한다. 그렇게 해서 자신이 변화할 때 이러한 변화가 자신이 속한 전통에게 영향을 끼치고 그 전통으로부터 다시 영향을 받으면서 그 전통의 역사를 이루어나가는 것이다. 그리고 그와 똑같은 방식으로 전체 역사가 되는 것이다. 이런 식으로 역사는 분명 대화적 원리의 반영이며, 종교와 종교, 종교인과 종교인 '사이'에서 벌어지는 대화야말로 역사로 하여금 '인간의 얼굴'을 하게 하는 가장 인격적이고 심층적인 행위가 되는 것이다.

참 고 문 헌

강영안, 『주체는 죽었는가』, 서울: 문예출판사, 1996.

김광식 역, 하인리히 오트 저, 『사유와 존재』, 서울: 연세대학교출판부, 1985.

김진 편, 라이문도 파니카 저, 「대화적 대화」, 『피할 수 없는 만남, 종교간의 대화』, 서울: 한들출판사, 1999.

김희진 역, 井上洋治 저, 『사람은 왜 사는가』, 왜관: 분도출판사, 1995.

남정길 역, 마르틴 부버 저, 『인간이란 무엇인가』, 서울: 대한기독교서회, 1994.

이유선 역, 가다머 저, 「이해의 순환성에 대하여」, 『해석학과 과학』, 서울: 민음사, 1993.

이찬수, 「윌프레드 캔트웰 스미스의 세계 신학」, 『종교신학의 이해』, 왜관: 분도출판사, 1996.

이찬수, 『인간은 신의 암호』, 왜관: 분도출판사, 1999.

이찬수, 『불교와 그리스도교, 깊이에서 만나다: 쿄토학파와 그리스도교』, 서울: 다산글방, 2003.

정병조 역, 니시타니 케이지 저, 『종교란 무엇인가』, 서울: 대원정사, 1994.

최홍순 역, P.T.라쥬 저, 『비교철학이란 무엇인가』, 서울: 서광사, 1989.

Francis X. Clooney, *Theology after Vedanta: An Experiment in Comparative Theology*, Albany: State University of New York Press, 1993.

Wilfred Cantwell Smith, *Religious Diversity*, ed. by W.G.Oxtoby, N.Y: Harper & Row, 1976.

上田閑照, 『禪佛教－根源的人間』, 東京: 筑摩書房, 昭和 48.

和辻哲郎, 『風土－人間學的 考察』, 東京: 岩波書店, 1996.

종교간 대화의 초석을 위한 실재(實在)중심적 종교다원주의

- John Hick의 경우 -

김 영 태

전남대학교 교수
전남대학교 종교문화연구소 소장

목 차

1. 머리말

기독교가 세계의 역사적 종교들과 접촉경험을 했던 기록은 네스토리우스파(Nestorianism, 景敎)의 당나라 접촉 시점만 하더라도 1000년이 더 되고, 볼테르(Voltaire, 1694-1778) 등 계몽시대 서구학자들이 힌두교, 불교, 유교 등 경전을 접한 시점도 수백 년이나 된다. 그러나 힌두교, 불교, 유교 등 아시아의 역사적 종교가 지닌 종교적 영성과 진리의 풍요로움과 다양성을 참다운 깊이의 차원에서 만나고 경험한 것은 20세기에 들어와서의 일이다. 교통·통신수단의 발달, 인쇄 및 전자정보 매체의 보급, 지구촌 의식 등은 세계의 종교인들을 실제로 만나게 했고, 원전(原典)이해, 해석학 이론의 발달과 인류가 공동 대처해야 할 실천적 과제들은 종교 간의 상호이해와 심층적 접촉을 촉매하고 가속화시켰다. 20세기 중에서도 1,2차 세계대전이 끝난 후 1960년대 이후부터 이웃종교에 대한 기독교의 진지한 반응들이 나타났고 기독교 선교와 신학의 중요한 논의 주제가 되었다. 20세기 후반 세계의 역사적 종교 및 다른 민족종교에 대한 기독교의 공식적 입장 표명은 로마 가톨릭교회의 제2차 바티칸 공의회(The Second Vatican Council, 1963~1965)에 의해 촉발되었고, 개신교 진보적 성향의 세계교회협의회(World Council of Churches)는 웁살라회의(Uppsala, 1968), 나이로비회의(Nairobi, 1975), 뱅쿠버회의(Vancouver, 1983) 등에서 이웃종교에 대한 신학적 입장과 지침을 천명했으며, 개신교 보수적 성향의 복음주의협의회(Evangelical Association)는 프랑크푸르트 선언(Frankfurt Declaration, 1970)과 로잔느회의(Lausanne, 1974)에서 그 기본적

입장을 천명하였다.(김경재, pp.175-6)

이와 같이 이웃종교에 대한 기독교의 태도를 이해한 김경재는 이웃종교를 향하여 개신교가 취할 수 있는 가능한 입장을 셋으로 구분하였다. 첫째, 보수적 복음주의의 입장(conservative-evangelical position); 둘째, 자유주의적이고 개방적이며 진보적인 에큐메니칼 입장(liberal-ecumenical position); 셋째, 종교간의 대화신학을 형성해 가는 종교 다원주의적 신 중심적 입장(religiousplural-theocentric position) 등이 그것이다. 개신교 안의 이 세 가지 입장은 이웃종교를 대하는 기본적인 태도에 있어서 서로 다를 수 밖에 없는데, 김경재는 이것들을 각각 배타주의적 태도(exclusivism), 포용주의적 태도(inclusivism), 그리고 다원주의적 태도(pluralism)로 명명하고 있다. 이러한 구분은 레이스(Alan Race)로부터 비롯되었다고 배국원은 말하고 있지만(배국원, p.188) 라이문도 파니카(Raimundo Panikkar)의 저서『종교 간의 대화』(*The Intrareligious Dialogue*, 1978)에서 먼저 발견된다. 파니카는 대화의 수사학으로써 일찍이 배타주의, 포괄주의, 평행주의(다원주의)를 논하였다. 배타주의는 오직 참된 하나의 종교 그리고 오직 한 분 구원자가 있을 뿐이라는 입장이며; 포용주의는 세계종교들은 구원의 길들을 제시하긴 하지만 잠정적, 예비적, 불완전한 것이므로 그리스도 안에서 완성된다는 입장이며; 다원주의는 세계종교들은 궁극적 실재인 신비자 하느님에 이르는 다양한 길들이며 동시에 구원 체험의 다양한 유형들이라는 입장이다. 존 힉은 이와 같은 세 가지 유형을 매우 중시했으며 그 셋 가운데 마지막 유형인 '종교다원주의'를 중심으로 그의 종교 다원주의 철학을 여러 저서에서 전개하고 있다. 그의 종교 다원주의 철학을 가장 상세하게 논하고 있는 그의 저서는 특히 *Problems of Religious Pluralism*(1985)인 것으로 생각된다.

카워드(Harold Coward)는 종교다원주의와 기독교의 관계성에 관한 최근의 이론들을 셋으로 구분하였는데 첫째는 폴 틸리히와 존 힉을 비롯한 학자들의 신 중심적 접근방법, 둘째는 복음주의 신학자들과 칼 라너를 중심으로 하는 그리스도 중심적 접근방법, 셋째는 스탠리 사마르타와 라이문도 파니카를 중심으로 하는 대화를 통한 접근방법 등이 그것이다.

본 논문에서는 이웃 종교를 보는 태도로서 특히 종교철학자 존 힉의 종교다원주의 논의와 그에 입각한 종교 간의 대화방안론을 살펴보고자 한다. 존 힉은 자신의 '영적 순례'를 끊임없는 진보로 기술하고 있다. 영국의 제도적 그리스도교의 상당 부분에서 느낀 한없는 권태로 인한 그의 좌절은 철저히 복음주의적이고 근본주의적인 그리스도교에로 그를 돌아 서게 한 '영적 회심'으로 해결되었다. 예수는 그의 살아계신 구세주가 되었고 동시에 온 인류의 한 분이신 구세주가 되었다. 이러한 신앙의 토대 위에서 존 힉은 영국 장로교회의 목사가 되었다.

그러나 그는 철학과 신학을 연구하면서 그의 복음주의적 신념 체계의 명료성에 대한 끊임없는 물음들을 피할 수 없었다. 이러한 문제들 가운데서 그를 가장 괴롭혔던 것은 '명시적 계시들의 다양성'에서 비롯된 문제들이었다. 특히 그가 살던 도시 버밍햄(Birmingham)에서의 이슬람교, 시크교, 힌두교 및 유태교 공동체 등 다종교 상황을 개인적으로 경험하면서 그는 여전히 예수를 그의 주(主)로서 인격적으로 위임하긴 했지만, 그의 신학을 새롭게 재형성하였다. 그는 특히 그리스도교적 자기 이해에 있어서 코페르니쿠스적 혁명을 경험하였다. 따라서 존 힉은 그리스도교가 다른 종교들에 접근하는 방법 중 신(神)중심적 모델을 제안한 사람 가운데서 가장 철저하고, 가장 논리적인 인물이었다. 본 논문에서는 존 힉의 이와 같은 획기적인 사상체계의 단초를 서술해 보려고 한다.

2. John Hick의 종교신학의 출발점

오늘날에는 종파를 달리하는 기독교인들이 서로 협력하여 일하는 데에 익숙해져 있다. 또 세계에서 어느 종교보다도 기독교인의 수가 많다고 하지만 이보다 더 많은 사람들이 기독교 이외의 신앙으로 살아간다는 사실을 인식하게 되었다. 이러한 실제적인 그리고 때로는 긴급한 대책을 요하는 중요한 문제의 배후에는 다른 세계종교에 대해 기독교는 어떠한 태도를 취해야 하는가라는 근본적인 신학적 문제가 잠재되어 있다. 신의 섭리 속에서 다른 세계종교들은 과연 어떠한 역할을 하는 것일까?(John Hick(1983), p.76.)

서구인들이 비교적 최근에 깨닫게 된 사실은 기독교 이외의 다른 세계종교들도 똑같이 위대한 성인(聖人), 신비가, 사상가들을 배출해 내고 있으며, 수많은 사람들의 정신생활, 도덕생활의 기반이 되고, 사회질서의 틀이 되어왔다고 하는 사실이다. 그러한 많은 세계종교를 낙후된 것으로 배척하는 것은 인류의 다수를 차지하는 다른 인종에 대한 백인의 전통적인 교만으로서 매우 위험하기조차 하다고 아니할 수 없다. 대부분의 경우, 사람들이 믿거나 따르는 종교는 그 사람이 태어난 장소에 따라 결정된다는 사실을 간과해서는 안 된다. 이집트나 파키스탄 출생자는 자연스럽게 이슬람교도가 될 것이고, 스리랑카나 태국 출생자는 불교도가 될 것이며, 인도출생자는 대부분 힌두교도가 될 것이며, 북미 · 호주 · 뉴질랜드 · 영국 출생자는 기독교인이 될 가능성이 매우 높은 것이다. 이와 같이 어떤 특정 종교인이 된다는 것은 자기가 우연히 태어난 장소에 의해 대체로 정해지는 것이다.(John Hick(1983), p.78) 우리는 이와 같은 명확한 사실을 이해하지 않으면 안 된다.

구약성서의 기자들이나 신약성서의 기자들은 유태교나 기독교 이외의 종교에 대해서는 아는 바가 별로 없었다고 볼 수 있다. 따라서 성서의 주장을 그대로 힌두교, 불교, 이슬람 등의 종교에 적용시켜서 그것이 원전(原典)의 본래적 의미를 나타내고 있다고 주장할 수는 없다. 그 때문에 우리는 시대를 통해서 성장해 온 전 세계 인류의 종교 체험에 대한 다양한 지식을 토대로 종교신학(theology of religions)을 전개할 수 있을 것이다. 그렇게 함으로써 옛날 예언자들과 사도들의 시야에 들어오지 않았었고 또 들어 올 수도 없었던 여러 가지 문제를 숙고해 볼 수 있을 것이다. 종교신학적 관점에 서면 다른 종교에 대한 견해는 어느 특정 종교의 틀로 쉽게 해석할 수 있는 것이 아니다. 예컨대 "교회 밖에는 구원이 없다"고 하던 가톨릭교회의 교리나 "그리스도교 밖에는 구원이 없다"고 가르쳐온 개신교 교리는 더 이상 다른 종교를 평가할 수 있는 기준이 되기 어렵다. 그러므로 가톨릭교회의 경우, 제2차 바티칸 공의회(1963~1965)는「그리스도교 이외의 종교에 대한 교회의 태도에 대한 선언」가운데에서 다음과 같이 서술하고 있다. "가톨릭 교회는 여러 종교 가운데에서 보여지는 진실로 귀한 것을 아무것도 배척하지 않는다. 이런 여러 종교의 행동과 생활의 양식, 계율과 교의를 진지한 존경의 마음을 가지고 바라본다. 그런 것은 교회가 유지하고 제시하는 것과는 많은 점에서 다르지만 모든 사람을 비추는 진리의 빛을 비추는 일도 드물지 않다."(John Hick (1983), p.77)

이러한 관점에서라면 기독교 역시 여러 다른 종교들 가운데 하나(one of many)라는 인식이 합리적이라고 보아야 할 것이다. 기독교를 많은 종교들 중 하나의 종교로 이해하는 종교신학은 동시에 다른 종교를 어떻게 이해하여야 할 것이며 이것과 함께 기독교의 위치를 어떻게 재설정하여야 할 것인가의 과제를 안고 있다. 따라서 기독교는 종교신학을 통하여 다른 종교와의 만남과 대화 속에서 기독교 신학의 자기이해를 새롭게 함으로써 기독교 신앙의 타당성을 재설정하고자 하는 것이다. 이러한 시도를 하는 대표적 학자가 곧 존 힉(John Hick)이다. 다음과 같은 존 힉의 진술은 그의 의도를 잘 표현해 주고 있다고 할 수 있다.

> 우리는 무엇보다 인류의 종교생활에 대해 생각하고 있는 중이다. 그런데 이 종교생활은 축적적 전통의 이런저런 흐름에 의해 조건지어지는 개개 신앙생활의 한 연속체이다. 이런 관점에서 본다면, 어떤 것이 참된 종교인가? 하는 물음은 적절한 것이 못된다. 하느님과의 참된 관계는 위대한 각 종교전통들에 속한 사람들의 생활 속에서 생겨나는 것이기 때문이다. 이렇게 오랫동안 풀 수 없었던 문제들이 벗겨져 나오면서, 종교신학은 그리스도교-중심적 혹은 예수-중심적 모델로부터 신앙의 보편적 모델인 신-중심적 모델로의 패러다임 전이, 즉 코페르니쿠스적 전환의 사상을 발전시킬 수 있었다. 그리고 나서 세계의 위대한 종교들을 하나의 신적 실재에 대한 서로 다른 인간의 응답으로,

즉 다양한 역사적, 문화적 상황 하에서 형성된 다양한 인식의 구체적 표현으로 보는 것이다.(John Hick(1982), pp.18-19)

3. 그리스도 중심에서 실재[神] 중심으로

칸트가 '코페르니쿠스적 전회'라는 용어를 사용하여 종래의 인식론으로부터 그의 새로운 인식론을 펼쳤듯이 존 힉은 종교를 절대적이게 하는 주체를 교회나 기독교나 그리스도로부터 신(神)으로 전화시킨다. 오늘날의 종교신학은 그리스도 중심적인 것으로부터 신 중심적으로 구성되고 전개되어 나가야 한다는 것이다. 종교로서의 기독교가 타종교 위에 군림했던 배타적인 교회 원리, '오직 그리스도'라는 원리는 수정되어야 한다는 것이다. 왜냐하면 크게 보면 모든 위대한 세계종교는 신의 구원의 역사 안에서 한 형제자매이며 원칙적으로 동등한 구원의 길을 가기 때문이다. 따라서 존 힉은 "그리스도교 밖에는 구원이 없다"는 기독교의 주장은 독선적이며 배타적인 논리일 뿐이라고 강하게 비판한다. 존 힉의 기독론은 예수를 신이 아닌 인간으로 본다는 점에 뚜렷한 특징이 있다. 왜냐하면 "예수는 하느님의 아들"이라는 시적인 표현이 희랍세계로 들어가면서 예수가 성자(聖子)혹은 삼위일체의 제2격으로 이동되었고 교회가 요한복음의 기독론 진술을 무비판적으로 수용함으로써 예수가 신적 권위를 갖게 되었다는 것이 존 힉의 견해이기 때문이다. 이 문제와 관련하여 존 힉은 다음과 같이 진술한다.

> 제4복음서에 있어서 예수는 가르침의 주체다. 교회신학은 예수의 가르침에 대한 요한의 재진술을 따른다. 그러나 그것은 어디까지나 재진술이다. 왜냐하면 공관복음서에는 예수의 가르침이 자기 자신에게가 아닌 하느님 나라에 초점을 맞추고 있기 때문이다. (John Hick, *The Myth of God Incarnate*, p.175, 변선환(1989), p.354 재인용)

존 힉은 칼케돈(Chalcedon)회의 이래 기독론을 채색해 왔던 본질(substance), 본성(nature), 본체(hypotasis)등 그리스 형이상학의 잔재를 떨쳐버리기를 원한다. 왜냐하면 그러한 사상 체계는 성서적이지도 않으며 현대의 경험에 호소할 수도 없는 것이기 때문이다. 그 대신 존 힉은 과정 형이상학(process metaphysics)을 포용하여 성육신(Incarnation) 신화의 내용을 목적(purpose), 행동(action), 작용(operation)등 진취적 개념으로 설명하려고 한다. 신적 본성을 일정량의 본질적인 요소라기보다는 목적을 수행하는 행위로 이해한다. 기독교가 항상 주장해왔던 것처럼 이러한 행위가 아가페라면(요일4:8), 그리고 이러한 사랑이 역사 안에서 '안으로부터' 활동한다면, 신의 성육신으로 묘사된 분은 신의 아가페의 내역사화(內歷史化, inhistorization)의 분명한 사례가 될 것이다. 예수의 아가페는 신의 아가페의 재현이 아니라 유한한 양태로 작용하는 아가페이다. 그것은 신적이긴 하되 육체를 입고 내역사화한 아가페인 것이다.

존 힉은 성육신에 대한 이러한 형이상학을 가지고 다른 종교들과 다른 구원자들에 대해서도 논할 수 있을 것으로 본다. 그래서 존 힉에 따르면 예수가 모든 다른 인간들을 위한 중심 혹은 규범이라고 주장하지 않고도 예수가 그들의 삶을 위한 중심과 규범이 됨을 선언할 수 있다는 것이다. 이러한 그리스도론은 종교간 대화 가능성의 단서를 제공한다고 볼 수 있을 것이다. 그래서 존 힉은 종교이해에 대한 코페르니쿠스적 전회가 필요하다고 역설했을 것이다. 이러한 이유 때문에 종래의 전통적인 교리로는 기독교가 신앙 세계의 중심이고 타종교는 저만치 떨어져서 그리스도에 의한 계시의 주변을 돌고 있고 그 떨어진 거리의 원근에 따라 종교의 등급이 매겨졌다고 할 수 있다. 그러나 최근 수백년 사이에 새로운 평가가 이루어지고 있으며 타종교 내에서도 신에 대한 깊은 헌신, 진정한 성인, 그리고 깊은 영적 생활이 인정되게끔 되었으므로 이제 그리스도 중심에서 실재[神] 중심으로 이행해야 할 뿐만 아니라, 기독교도 다른 위대한 세계종교와 함께 동일한 신적 실재(神的 實在)의 주위를 돌고 있다고 이해하는 편이 훨씬 현실적일 것이라고 존 힉은 주장한다.(John Hick(1983), p.82)

그래서 존 힉은 코페르니쿠스의 지동설처럼 모든 종교는 궁극적 실재를 중심으로 돌고 있으면서 태양의 빛을 반영하고 있는 행성으로 비유하여 신(神)중심적 모델(theocentric model)로 전환해야 한다고 촉구하였다. 그가 그리스도교의 신학자이기 때문에 신(Theos)이라는 표현을 썼지만 그것은 곧 궁극적 실재(Ultimate Reality)를 지칭한다. 존 힉에 의하면 궁극적 실재[神]만이 영원한 행성이고 그 행성 주위를 돌면서 행성의 빛을 반영하고 있는 행성(行星)들이 기독교, 불교, 이슬람교, 힌두교, 유교 등 세계의 여러 종교들이라는 것이다. 이와 관련한 존 힉의 발언에 주목해보자.

> 종교의 세계는 신적 실재(divine Reality)를 중심으로 하기 때문에 기독교는 여러 세계 종교들 중의 하나로서 실재의 주위를 돌며 그 실재를 반영한다.(John Hick(1985)), p.53)

존 힉은 기독론뿐만 아니라 신론에 있어서도 코페르니쿠스적 전회를 시도하고 있다.

> 신의 관념을 논의할 때 우리는 우리들의 능력과는 감히 비교할 수 없는 무제한한 능력을 가진 우주정신(Cosmic Mind)에 대해 생각하지 않으면 안 된다. 그 우주정신은 지식이 다 소모되어 버린다든지, 소진된다든지 하는 일은 절대로 없고 또 있을 수도 없다.(Hohn Hick(1983), p.37)

우리들은 시간적으로도 무제약적인 정신에 대해서 생각할 수 있다. 그 정신은 우리들의 의식과는 달리 시간·공간이라는 연속적인 박편으로 쪼개진 구분에 의해서 제약받지 않을 것이다. 그 의식은 미분화된 전체로서의 시간·공간의 총체를 감지할 수 있을 것이다. 신의 시간적인 무한성 혹은 영원성은 신 자신의 관점에서 본다면 신이 단적으로 또 무시간적으로 존재하고 있음을 의미한다. 다른 한편 우리들의 관점에서 본다면 신은 처음도 없으며 또 미래에 사라지는 일도 없이 존재하고 있음을 의미한다. 분명히 그와 같은 존재는 어떠한 외부적인 힘에도 의존하지 않을 것이다. 따라서, 신은 독자적으로 완전하고 무조건적인 의미에 있어서 존재할 것이다.

광범위하게 미치는 인간의 궁극적 실재체험은 두 가지의 근본적인 개념으로도 요약할 수 있을 것이다. 하나는 유신론적 종교에서 실재자를 인격적 신으로 받아들이는 개념이고, 다른 하나는 비유신론적 종교에서 실재자를 비인격적으로 받아들이는 개념이다. 예를 들면 야훼(YHWH)는 유태민족을 향한, 유태 민족에 의해 지각된 인격적 신이다. 반면에 힌두교의 크리쉬나(Krishna)는 인도의 비쉬누(Vishnu)파의 전통에 속하는 사람들에 의해 지각된 비인격적 실재이다.(John Hick(1983), p.84)

아울러 대부분의 역사적 종교에서는, 체험되는 실재가 궁극성 및 원근성에 있어서 차이가 있다. 기독교에서는 창조 이전부터 존재하였고 피조물로부터 떨어져 있는 무한한 자존적 존재로서의 신 및 창조된 인간과의 관계 안에서 인간에 의해 체험되는 존재로서의 신 사이에 구별이 있다. 힌두교에서는 니르구나 브라만(Nirguna Brahman), 즉 인간의 사고(思考)와 언어의 모든 영역을 초월한 절대적 실재로서의 브라만과 사구나 브라만(Saguna Brahman), 즉 기술 가능한 특징을 갖춘 인격적인 신으로서의 인간에 의해 체험되는 브라만 사이에 구별이 있다는 것이다. 불교에서는 무한하고 영원한 법신불(法身佛), 즉 우주적인 불성(佛性) 및 화신(化身)의 부처 사이에 구별이 있다. 유태교의 신비주의 카발리즘(Kabbalism)에서는 무한한 신적 근원인 엔 소프(En Soph)와 경전의 신 사이에 구별이 있다. 마찬가지로 기독교의 신비주의자 에크하르트(Meister Eckhart)는 신성(deitas)과 신(deus)을 구별하였고, 20세기의 개신교 신학자 틸리히(Paul Tillich)는 유신론의 신을 초월한 '존재의 근거'(Ground of Being)로서의 궁극적 실재로 말하기도 하였다. 현대의 과정신학(Process Theology)에서도 신의 영원적 본성과 시간적 본성을 구별하고 있는 것을 볼 수 있다.(John Hick(1983), pp.82-83) 이와 같이 각 종교에서는 방법상의 차이는 있지만 무한하며 초월적인 신적 실재 그 자체와 유한한 인간에 의해 사고되고 상상되고 경험되는 실재와의 사이에는 구별이 있음을 시사하고 있는 것이다.

그러면 인간들이 체험하는 실재의 공통적 속성은 무엇인가? 실재의 인격적인 특성은 '사랑'의 활동으로 집약된다. 그렇다면 실재의 사랑이란 어떤 것인가? 기독교는 이 물음에 대해서 예수가 그의 생애기간에 가르치고 실천한 인간에 대한 사랑이라고 대답한다. 현대의 가장 저명한 철학자의 한 사람이고, 또 가장 유명한 무신론자의 한 사람이기도 한 러셀(B.Russell)은 세계의 문제가 복잡다단함에도 불구하고 인간들이 가장 시급히 필요로 하는 것은 어떤 새로운 발견도 아니고 새로운 기술도 아닌, 보다 단순한 '그 무엇'이라고 말하였다.

> 사물의 뿌리는 아주 단순하고 구태의연한 것이다. 그것은 너무나도 단순한 내용이기 때문에, 나는 조소가들로부터 냉소의 대상이 될 것 같아 그것을 입 밖에 내는 것이 두려울 정도이다. 내가 말하려는 그 내용이란 다름이 아닌 사랑, 기독교의 사랑 또는 연민(compassion)인 것이다.(John Hick(1983), p.39 재인용)

존 힉에 따르면 인간의 특징에 대해 말할 때와 마찬가지로 실재의 특징에 대해 말할 때에도 그 활동에 근거하여 논의할 수 있다고 한다. 유대-기독교 전통은 실재를 인격적인 사랑의 신, 목적을 가진 선한 신으로 이해하여 왔다는 것이다. 물론 이와 같은 이해가 실재의 무한성에 충분히 일치하는 것은 아님에도 불구하고 그러한 이해들은 유한한 인간생활에 관련하여 실재의 활동의 특징을 기술할 때에 우선 도움이 된다는 것이다.

그런데 기독교의 경우, 사랑은 그 본성에 있어서는 무조건적이고 그 범위에 있어서는 보편적인 것이다. 그것은 주는 것인데, 사람들이 무언가 특별한 품성과 자격을 갖고 있기 때문이 아니라, 그들이 거기에 존재하기 때문에 신이 그들에게 보내는 사랑이다. 존 힉은 이 사랑의 모습을 나사렛 예수에게서 가장 분명히 볼 수 있다고 한다. 그는 자기 이웃에게 자기를 다 내어주었다. 그는 사람들에게 새로운 성질의 생명을 주고 사람들의 마음에 새로운 충만함을 가져다주었으며 육체의 병을 치료하고 불안과 편견에서 해방시키며 이웃에게는 새로운 개방성을 가져다주는 생애를 보냈다. 기독교 신앙이 이 세상에 작용하는 사랑을 간파하는 것은 특히 예수를 통해서이다. 따라서 예수라는 인물에 의해서 비로소 "신은 사랑(아가페)이다"라는 말의 의미가 부여되는 것이다. 예수는 매춘부와 사기꾼을 포함하여 있는 그대로의 자기 모습을 볼 수 있는 사람이라면 누구나 받아들였고 또 보다 나은 삶을 인정할 수 있는 사람이라면 누구를 막론하고 다 받아들였던 것이다.(John Hick(1983), p.42) 그렇다면 존 힉은 종래의 삼위일체적 실재관을 어떻게 보고 있는가?

존 힉은 중세초기에 형성된 기독교의 독특한 실재관, 즉 삼위일체 신관을 다음과 같이 진술한다.

> 삼위일체의 세 위격은 의식적인 인격적 삶이 갖는 세 가지 중심이라는 의미에서의 세 개의 인격을 말한다. 다만, 그 세 개의 인격은 제 각기 자율적이면서 외적으로만 서로 관계하는 세 가지의 자아가 아니다. 그것은 하나 속에서의 셋, 셋 속에서의 하나라고 할 만큼 전체적으로 긴밀한 인격의 공동체를 형성하고 있는 것이다. 우리들의 삶보다도 고매한 질서를 이루는 하나의 복합적인 인격적 삶에서 제 각기가 긴밀하게 서로 이어져 살고 있는 것이다. 다(多)이면서 일(一)이고, 一이면서 多라고 하는 이 관념은 모든 자아성이 극복되어 인간성 전체의 통일적 삶이 실현된다고 하는 인류의 궁극적 상태에도 적용되는 것이다. 그렇게 되면 이 생명은 다즉일(多卽一), 一卽多라고 할 만큼 긴밀한 하나의 인간 공동체를 구성하게 되는 것이다.(John Hick (1983), pp.135-136)

이와 같은 진술은 두말할 나위 없이 기성 기독교에서 주장하는 성부, 성자, 성령 삼위일체교리의 전통적인 해석을 훨씬 뛰어넘는 것으로 보인다. 이러한 존 힉의 삼위일체론은 가톨릭이나 개신교 모두에게 수용되기 매우 힘든 주장으로 보인다.

4. 구원의 새로운 이해

존 힉은 그가 이해하고 있었던 기존의 구원관에 대하여 많은 의아심을 가지게 되었다. 단순히 예수를 구주로 받아들이고 그의 계명을 실천함으로써 구원을 얻을 수 있다는 종래의 구원관

보다는 구원이란 인격이 점점 증대하고 자아가 점점 감소하여 가는 데에 있다고 말할 수는 없을까? 구원이란 자아성의 경계선을 점진적으로 뛰어 넘어, 좀더 인간성이 고조된 공동체적 삶 속으로 깊어져 가는 것은 아닐까? 진정한 삶이란 우리들이 서로를 배척하는 뿔뿔히 흩어진 자아로서 존재하는 것이 아니라 신과의 관계를 가진 인류의 통합적 삶에 의해 서로 연결된 구성원으로서 존재하는 것이라고는 할 수 없을까?(John Hick (1983), p.135) 이러한 고민 끝에 존 힉은 구원의 개념을 다음과 같이 두 가지로 구분하였다. 하나는, 구원이란 어떤 실체를 얻는 것으로 보는 전통적 입장이다. 이것은 곧 하느님의 은총이란 십자가의 대속을 믿고 의존하는 사람들만을 아담의 죄성(罪性)으로부터 벗어날 수 있게 해 주며 이를 믿는 이들은 은총으로서의 구원을 소유하게 된다는 제한적 구원을 믿는 입장이다. 이러한 입장을 견지하다보면 다른 종교에는 구원이 없다는 결론이 도출될 수 있다. 다른 하나는, 구원이란 지금 이 자리에서 자기중심으로부터 하느님 중심으로 사로잡혀 가는 '완성의 정도'로 이해하는 입장이다. 이는 곧 인간의 이기심과 자기 폐쇄성으로부터 벗어나 하느님의 뜻을 향해 온전히 열어놓고, 그 뜻에 응답하여 온전히 따르려고 애쓰는 삶을 구원으로 이해하는 것이다. 이 구원은 단 한번에 완성되는 것이 아니라 삶 전체와 죽음 이후의 전 과정을 통해 온전히 하느님 중심으로 사는 자에게 다가오는 새로운 은혜를 뜻한다. 존 힉은 이 두 번째의 입장을 취하고 있는데, 그의 입장을 다음과 같이 요약할 수 있다. 인간의 한계성으로 말미암아 인간은 자신이 처한 문화와 지역적 제한을 받기 때문에, 궁극적 실재를 '있는 그대로' 경험하지 못하고 '여러 이름의 실재들'로 인식하고 표현하고 만다. 따라서 이 이름을 절대화하거나 이 이름에 붙들려서는 안 된다. 대신 인간의 한계 속에 길러진 이 개념과 이해들은 늘 새로워지고 보다 온전해져야 한다는 것이다. 예를 들어 니케아, 칼케돈에서 합의된 기독론은 '한 실체 안에 두 본성'을 지닌 예수 그리스도라고 규정하였는데, 이것은 신성(神性)과 인성(人性)이 대립적이고 배타적인 특성을 지녔다고 본 헬라적 사유의 부산물이라는 것이다. 존 힉은 두 본성 개념을 시대의 산물로 치부하는 것에 멈추지 않고 재해석을 감행한다. 곧 이 두 본성이 배타적이 아니라 오히려 하느님께 스스로를 열어놓아 온전히 신성을 드러내는 것은 더욱 온전한 인성을 완성시키는 길이라고 이해한다. 이런 입장에서 보면 예수 그리스도는 정말로 온전하게 하느님 중심으로 사셨기에 더욱 온전한 참 인성을 소유하신 분으로 이해될 수 있다는 것이다. 이 같은 신학적인 점검이 이뤄진 뒤, 존 힉은 다양한 종교 전통들의 여러 가지 현상과 그 이론적인 틀을 두루 섭렵하였던 것이다.(강성도, pp.66-67)

그렇다면 과연 존 힉이 펼치는 새로운 구원관은 무엇인가?

기독교 신학에서의 구원은 사법적인 관념 및 형이상학적인 관념으로 사유하는 것이 보통이다. 즉 그리스도가 인류의 죄를 대신해서 십자가에 죽었기 때문에 인류의 죄는 구제받고 신에게 받아들여지게 되었다는 것이다. 그러나 오늘날에는 이 구원의 문제가 좀더 구체적으로 인간 존재의 질적인 면에서 생각되지 않으면 안 될 것이라는 것이 존 힉의 견해이다. 존 힉에 따르면, 인간이 신으로부터 부여받은 본성 속에 잠재해 있는 모든 가능성을 실현함으로써 충분히 인간답게 되는 것이 구원이라고 한다. 그리고 이것은 한 순간의 사건도 아니고 또 이기고 지는 승부의 문제가 아니라 그것은 점진적인 성장이며 이 성장을 위해서는 이 세상의 수명보다 훨씬 오랜 시간이 필요하다는 것이다. 그래서 구원은 완만하고 다면적인 과정을 거치게 된다. 따라서 저 사람은 구원받았는가라고 묻기보다는 저 사람은 구원의 길에 있는가라고 묻거나 혹은 진실한 인간이 되고 있는가라고 묻는 편이 훨씬 적절하다는 것이다. 구원에 대한 이와 같은 이해를 전제한다면 인류 역사상 하나의 특정한 흐름, 즉 유태-기독교라는 흐름 속에 사는 사람들에게만 구원이 가능하다고 하는 주장은 있을 수 없게 된다. 역사의 특정 기간에, 특정 지역에서 태어난 자에게만 구원의 가능성을 제한한다는 주장은 있을 수 없는 일이라는 것이 존 힉의 주장인 것이다.(John Hick(1983), pp.79-80)

따라서 존 힉은 모든 종교들이 보다 효과적으로 인간 실존의 변혁을 위해 공헌할 수 있도록 하기 위해서 여러 종교 사이의 교류 혹은 대화를 촉구하며, 여러 종교들이 그들 모두를 능가해 있는 실재(實在)에 대한 그들 각각의 주장들을 해명하고 이를 확장하도록 돕기 위한 대화를 촉구한다. 그는 세계 종교들 사이의 분명한 대립적 차이(인격적 신과 비인격적 신, 개인적 종교경험과 공동체적 종교경험, 세계 긍정과 세계 부정)도 궁극적으로는 대립보다는 상호보완으로 바뀌어질 것이라고 암시한다. 존 힉은 아우로빈도(Sri Aurobindo, 1872-1950))의 '무한자의 논리(logic of the Infinite)'에 호소함으로써 궁극적 실재에 관해서 우리가 말할 수 있는 것은 '이것이냐 저것이냐'의 양자택일보다는 '이것도 저것도'의 동시 긍정에 훨씬 더 가깝다는 것을 강변하고 있는 것이다.(변선환 역, p.243)

이와 같은 존 힉의 새로운 구원관에서는 자연스럽게 예수의 신성(神性) 혹은 메시아성이 약화될 수밖에 없고 실재 중심의 구원관이 확대될 수 밖에 없게 된다. 그래서 기존의 기독교의 구원관에 강력한 도전장을 제시하고 있는 셈이다.

5. 종교 간의 대화 방안

가) 상보성의 원리

현대 물리학에서는 상보성의 원리(principle of complementarity)

라는 것을 중시하고 있는데 존 힉은 이것을 종교에도 적용가능할 것이라고 보고 있다. 빛을 포함한 전자광의 방사는 어느 때에는 파동으로서 또 어느 때에는 입자로서 움직이는 것이 발견된다고 한다. 어떤 방법으로 실험하면 파동형태의 방사반응이 보이고 또 다른 방법으로 실험하면 입자의 흐름이 보여진다는 것이다. 이런 두 가지의 관찰은 모두 타당한 것이기 때문에 그 결과는 상보적인 것으로서 받아들여질 수 있다는 것이다. 전자광이란 원래 그러한 성질을 가진 것이므로 그 관찰자의 시각 여하에 따라 그것은 파동도 되고 입자도 되는 것이다. 그래서 이 유추를 종교에 적용할 경우, 유신론적 사고 및 예배의 방법으로 실재자를 실험한다고 하면 그 실재자는 인격적인 것으로 보이고, 불교이든 힌두교이든 명상의 방법으로 실재자를 접한다면 그 실재자는 비인격적인 것으로 보일 수 있게 된다는 논거이다.(John Hick(1983), pp.85-86)

이와 같은 논거에는 여러 형태를 취한 종교체험과 종교사상 사이의 차이를 무시하지 않는다는 이점(利點)이 있다고 할 수 있다. 기독교의 하느님, 힌두교의 브라만, 이슬람의 알라와 불교의 법신불은 현상학적, 즉 경험되고 표현된 것으로서는 동일한 것이다. 또 영적 실천, 문화 형태, 삶의 양태, 사회 형태 등에 있어서 그런 실재에 의해 유발되는 인간의 대응은 어느 것이나 동일한 것으로 생각해도 무리가 없을 것이다. 이 이론에서 보면 위대한 모든 세계종교는 인간의 다양한 문화적 자세로부터 궁극적 실재를 향한 서로 다른 지각과 개념, 그리고 다른 반응을 구체적으로 나타낸 것이다. 이같은 이론은 여러 종교적 전통 사이에서 볼 수 있는 매혹적인 차이와 유일 무한한 신적 실재에 대한 인간의 다른 대응간의 근본적인 상보성 모두에 대해 정당한 취급을 하고 있다고 볼 수 있다. 이 상보성은 세계의 위대한 모든 종교전통들이 구원론적(soteriological) 구조를 나타내고 있다는 점에서 근본적으로 유사하다고 볼 수 있는 바, 그 이유는 어느 종교도 구원, 해방, 깨달음, 완성과 관련되지 않은 종교는 없다고 볼 수 있기 때문이다.(John Hick(1983), p.86)

최근까지 세계의 모든 종교는 서로를 알지 못한 채 각자의 길을 걸어왔다. 그러나 금세기에 이르러 세계는 정보를 서로 공유하는 통일체가 되었다. 왜냐하면 세계종교의 과학적 연구, 종교간의 대화와 회의, 게다가 많은 대도시에서 경험되는 종교의 다원화 현상에 의해, 다른 신앙을 가지고 살아가는 사람들의 일이 훨씬 친근해진 까닭이다. 즉 세계의 모든 종교는 자기 자신의 통찰을 다른 종교와 상호 공유하게 된 때문이다. 기독교는 사회적 관심과 관련된 귀중한 경험을 힌두교에 전해 주었고, 또 불교와 힌두교는 영적 명상에 관한 막대한 경험을 기독교에 전해 주고 있는 것들이 좋은 본보기이다. 이러한 종교간의 관계 속에서 위대한 종교전통들은 상호간에 새로운 관계를 형성해가

고 있는 것이다.(John Hick(1983), p.89)

그런데 세계 종교간의 대화란 결코 세계적 규모의 획일화가 아니라 다른 전통에 대한 상호이해와 연대성의 진전이라는 사실을 명심해야 한다. 지금까지는 대체로 어떤 종교 전통이 다른 전통에 대하여 군림하는 자세를 견지해온 것이 사실이다. 그러나 앞으로는 상보적 다원주의라는 새로운 관념이 널리 파급되어 서로 다른 종교 공동체들은 현행 기독교의 모든 교파와 비슷한 모습, 즉 아주 한정적이고 완만한 의미에 있어서는 대립적이지만, 상보적인 진리의 체현자로서는 서로 친구이고 동맹자인 것처럼 서로를 인정하게 되어야 한다. 왜나하면 오늘날 기독교인들은 감리교, 성공회, 장로교 혹은 로마 가톨릭 교인으로서 자신의 교파에 속하는 것이 종교적으로 본질적인 것이라고는 생각하지 않기 때문이다. 이와 같이 모든 종교인들은 기독교도, 이슬람교도, 불교도, 힌두교도라는 것이 종교에 있어서 본질적인 것이라고는 느끼지 않는 때를 맞이하게 될 것이라는 것이 존 힉의 기대이다.(John Hick(1983), p.89)

기독교를 예로 들자면 가장 전통적인 보수주의자로부터 가장 진보적인 실험주의자에 이르기까지 각기 다른 신학적 의견을 견지하고 있다. 한 쪽의 이해에 따르자면, 성서의 축자영감과 절대적 권위, 아담과 하와의 이야기, 예수의 처녀탄생, 신의 화육(化肉)으로서의 예수의 독자적인 신분, 예수의 육체적 부활,

천국과 지옥, 그리고 예수를 주(主) 또는 구세주로 받아들임으로써만 구원이 가능하기 때문에 세계의 복음화가 절대로 필요하다고 믿고 있다. 따라서 이들은 자선 행위를 하긴 해도 세계의 정치적, 경제적인 구조의 변혁을 위한 사회적 구원에는 소극적이다. 그런가 하면 다른 한편의 기독교인들은 여러 가지 신학적 방법으로 예수를 해석한다. 그들은 어디까지나 예수의 제자임을 주장하고 개인적, 경제적, 사회적, 정치적 억압에서의 해방을 지향해야 한다고 말하면서 이웃을 사랑하는 것과 신을 사랑하는 것을 동시에 요구한다. 그들은 성서를 인류 역사의 특정한 흐름 속에서 탄생한 살아있는 종교적 경험의 기록으로 이해한다. 그리고 이와는 다른 경험, 다른 경전을 옹호하는 다른 종교적 흐름도 있다는 사실을 인정한다.(John Hick(1983), p.74)

이와 같은 극단적인 분극화는 결코 바람직하지 않다. 왜냐하면 그 어느 쪽의 기독교도 서로 상대방을 필요로 하기 때문이다. 보수적, 복음파적 기독교에는 절대적 종교적 헌신이라는 강력한 흐름이 있다. 그리고 거기에는 단순 소박한 사고방식이 요구되고 있으며 신학적, 정치적 실험 작업에 대해서는 당혹감과 곤란함을 나타낸다. 진보적 실험주의자 쪽은 이 위대한 흐름과 끊임없는 접촉을 가질 필요가 있다. 왜냐하면 그들이 계속 이어받고 있는 것은 그 대부분이 이 위대한 흐름에서부터 유래하고 있기 때문이다. 반면에 기독교의 한층 실험적인 형태 가운데에는 뚜렷하게 중요한 이성적, 윤리적 통찰이 있다. 보수주의자들은 이 통찰에 근거한 도전에 귀를 기울일 필요가 있는 것이다. 또 만약 미래의 고립화를 피하고자 한다면 이 도전에 직면할 필요도 있다. 그 때문에 기독교의 두 가지 입장 사이의 대화는 종교간의 대화와 마찬가지로 아주 중요하며 동시에 어려운 작업이긴 하지만 보상이 클 것이기도 하리라는 것이 존 힉의 큰 기대이다.(John Hick(1983), p.74)

나) '무엇무엇 처럼의 경험(experiencing as)'

존 힉이 그의 종교다원주의를 주장할 때 가장 중요하게 내세우는 이론적 토대중의 하나는 'experiencing as'인 것으로 생각된다. 존 힉에 의하면 대부분의 인간경험이란 '있는 그대로'보다는 '무엇무엇처럼'하는 경험이며, 이 경험은 자신이 속한 문화가 제공한 가치관과 세계관에 의해 영향을 받는 것이다. 그래서 자신이 속한 문화가 제공하는 조건하에서 '무엇무엇처럼' 경험하게 되는 것을 존 힉은 'experiencing as'라고 부른다.(John Hick(1985), pp.16-27; John Hick(1991), p.140) 이것을 종교적 차원으로까지 전개시키게 되면, 우리는 궁극적인 실재를 '무엇무엇처럼' 경험할 수 있을 뿐이지 '있는 그대로'는 알 수 없다는 이해로 이어진다.(강성도, p.61)

이러한 개념을 활용하게 된 배경에는 비트겐슈타인(Ludwig

Wittgenstein, 1889-1951)의 'seeing as'라는 이론이 있다. 이 말은 '무엇무엇처럼 본다'는 것을 뜻한다. 비트겐슈타인은 이 'seeing as'개념을 이것인지 저것인지 모호한 경우에 적용되는 개념으로 국한시키려고 하였다. 이에 반해서, 존 힉은 이것을 보다 폭넓은 개념으로 확대시켰다. 곧 인간의 경험은 시각, 청각, 후각 등을 이용한 복합적인 것이기 때문에 'seeing as'라는 개념보다는 'experiencing as'로 확장한 것이다.(강성도, p.64)

존 힉은 신앙을 인간과 역사에 나타난 실재의 행위를 인식하는 인간의 자발적인 행위로 본다. 이러한 의미에서 신앙은 모든 사물을 특수한 방향으로 보고, 지각하고, 해석하는 것이다. 이러한 사실은 일상적인 비종교적 경험에서 우리들이 느낄 수 있는 'seeing as~'라는 인식론적인 경험과 상통한다. 비트겐슈타인의 'puzzle 그림'을 예로 들 수 있다. 하나의 종이 위에 여러 개의 점과 어지러운 선이 그려져 있다고 하자. 그리고 그것을 쳐다보면 사람이 갑자기 작은 나무 앞에 서 있는 남자의 형태임을 발견했다고 하자. 그러면 그 종이 위의 모든 점과 선은 아무렇게나 그려진 것이 아니라 나무 앞에 서 있는 남자라는 특수한 형태와 관련하여 새로운 의미를 갖는다. 이와 같은 순수히 시각적인 경우를 조금 더 발전시키면 일상적으로 '…로서 경험하는'(experiencing as~)이라고 표현하는 일반적인 단계로 확대시킬 수 있다는 것이 존 힉의 생각이다.(John Hick(1983), p.70)

여기서 중요한 것은 우리가 종종 하나의 상황에서 두 가지 다른 차원의 의미를 경험할 수 있다는 사실이다. 그리하여 종교인은 모든 사건을 인간 역사 속에서 일어나는 물리적인 사건으로 경험하면서도, 다른 한편으로는 실재의 임재와 역사를 중재하는 비물리적인 사건으로 경험한다. 그는 어떤 상황이 가지고 있는 자연적인 의미(natural significance)와 종교적인 의미(religious significance)를 동시에 경험하는 것이다.(John Hick(1983), p.70) 그러므로 유태교 및 기독교의 신앙은 인간의 삶을 인간과 실재가 언제나 상호 관계하는 전체적인 상황(a total situation)으로 경험하는 것이며 그러한 상황에서 언제나 적절하게 행동할 수 있는 길을 가르쳐 주는 것이 바로 유태-기독교적인 윤리였다. 이러한 폭넓은 시각에서는 유태-기독교 뿐만 아니라 여타의 종교와도 종교 간의 대화와 소통이 가능해질 수 있다는 것이 존 힉의 견해인 것으로 보인다.

6. 맺는 말

존 힉에 따르면 종교다원주의의 수용에 의해 기대되는 효과는 종교간의 오해와 갈등을 해소할 뿐만 아니라 상호의 종교내용에 풍부함을 더하는 일이기도 할 것이며, 다원주의적인 비전을 받아들이는 사람들은 양심에 부끄러움없이 다른 종교 전통이 주장하는 막대한 영적 가치와 통찰에서 이익을 얻을 수 있을 것이라고 한다. 따라서 어느 종교 공동체도 그 자체의 신화에 대한 올바른 사용법을 발견하지 않으면 안 되며 어느 종교, 어느 신앙도 유일무이한 것이 아니라 많은 것 중의 하나(one of many)라는 인식이 절실히 필요하다는 것이다. 예컨대 기독교인의 생활이란 기원 1세기의 팔레스타인 지방에 살았던 나사렛 예수의 생활을 흉내냄을 의미하지 않고 실재와의 관계에서 취한 예수의 세계상을 공유하는 것, 그리고 각 사람이 처해진 여러 시간과 장소와 환경에 있어 그 비전으로 향하는 삶을 사는 것을 의미한다. 그러므로 구체적으로 요구되고 있는 것은 우리들의 생활을 성립시키고 있는 여러 가지 상황에 스스로 대응해 가지 않으면 안 된다. 우리들이 내리는 크고 작은 결단 가운데에 특히 사랑이 무엇을 요구하고 있는가를 식별하는 것은 이 실재의 세계에서 다른 사람들과 서로 관계하면서 살고 있는 인간으로서의 자기 존재가 갖는 창조적 국면인 것이다. 그러므로 보편적으로 타당한 도덕원리는 자신을 존중하듯이 이웃을 존중하라는 것이다.

만약 우리들이 나사렛 예수에게 현실적으로 응답한다면, 우리는 그가 믿고 있었던 신을 무시할 수 없을 것이다. 예수는 완전히 하늘 아버지인 신의 일에 전념하였기 때문에 그 자신 내면적으로 완전히 자유로웠고 또 그 때문에 다른 사람에게 도움이 되기도 하였다. 예수의 가르침을 상기할 때, 그가 인간생활에 대해 말한 내용은 신에 대하여 말한 내용과 따로 분리할 수 없다. 예수에게 있어서는 모든 것이 신의 임재와 목적 중에 놓여 있었던 것이다. 예수는 신에 의존하고 신뢰하는 의식 속에서 그 생애를 마쳤다. 예수에게 있어서 신은 철저히 현실적이었기 때문에, 신 의식을 배제한 채 예수를 생각하는 것은 불가능하다. 단적으로 말해서 예수의 전 생애는 신에 대한 의식으로 장식되고 신에 대한 의식으로 채워졌었다. 예수에게 병고침을 받은 환자, 예수로부터 비난 받은 부자, 신의 자녀로서 새로운 생명을 맞아들인 마음이 가난한 사람들에게 모두 그러했듯이, 예수에게 있어서도 신은 현실이었던 것이다.

결국 존 힉은 전통적인 기독교의 근본사상에서 크게 벗어난 것은 아니지만 중핵적 기독교의 교리(신관, 기독론, 구원론)를 코페르니쿠스적으로 전회하여 기독교의 진로를 매우 새롭게 모색하고 있다. 특히 신앙의 대상을 그리스도 중심에서 신중심주의로 전환함으로써 지구상의 모든 인간적 존재들이 종교, 인종, 성별에 관계없이 하나의 궁극적 실재(the Ultimate Reality)의 자녀가 되어 한 형제자매로서 이 세상을 살만한 곳으로 만들자는 근본적 의도를 갖고 있는 것으로 보인다. 즉 이와 같은 존 힉의 과감한 코페르니쿠스적 전회(혁명)는 종교다원주의를 통한 종교간의 대화, 그리하여 마침내는 이 세계를 평화스러운 하나의 공동체로 만들기 위함이라고 볼 수 있을 것이며 그것이 곧 하느님의 나라라고 믿고 있는 듯하다. 이 과정에서 기존의 기독교로서는 결코 양보할 수 없는 기독론의 패러다임 전환을 요구하고 있는 것이 존 힉 주장의 두드러진 특징으로 보인다. 즉 예수는 하느님이 아니라 그는 어디까지나 하느님의 뜻(아가페)을 가장 잘 실천한 인간표상(화신)이었다는 주장이다. 따라서 존 힉은 기독교의 핵심교리인 삼위일체적 신관에 혁명적 변화를 요구하고 있는 것이다. 이러한 존 힉의 시도는 기독교의 핵심교리인 화육(化肉)사건을 약화시키면서까지 종교다원주의 내지 종교 간의 대화를 유도하고 있는 것으로 보이는데, 평균적 기독교인의 입장에서 본다면 이러한 존 힉의 주장은 교각살우(矯角殺牛)의 어리석음을 자초하는 것으로 보일 것이 명약관화하기 때문에 이러한 주장은 소수의 진보적 기독교인들과 여타의 종교인들에게는 그럴듯하게 들리겠지만 대부분의 전통적(보수적) 기독교인들에게는 수용되기 힘들 것으로 보인다. 이 점과 관련하여 배국원은 다음과 같이 잘 지적하고 있다.

> '기독교(Christianity)'라는 명칭은 그 어휘가 말해주듯이 '그리스도'를 믿고 그를 통해 구원을 얻을 수 있음을 믿는 신앙집단을 의미한다. 그러나 만약 존 힉을 비롯한 다원주의 신학자들의 이른바 '신 중심주의(theo-centrism)'주장처럼 '그리스도'라는 중심이 해체되고 '신'이 중심이 된다면 종교학자들은 이러한 신앙집단을 무슨 이름으로 부를 것인가? 역사적으로 볼 때 '그리스

> 도'에 관한 해석의 차이 때문에 자주 논란은 있었지만 '기독교' 라는 종교의 구심점은 언제나 '그리스도 예수'였다. 따라서 '그리스도'라는 잣대를 포기하고 신 중심주의를 주장하는 종교 다원주의자들을 "거의 자살적 혼동의 경계선에 서 있다."(Carl Braaten, p.2)라고 맹공하고 있는 브라텐의 주장은 주목할 만하다.(배국원, pp.192-193)

그럼에도 불구하고 이러한 주장은 완고한 기독교인들에게 마음의 문을 열도록 하는 촉매제가 되어 이웃종교에 대한 관심의 계기를 마련할 수도 있을 것이기 때문에 결코 무의미한 주장으로 그치지는 않을 것이다.

참 고 문 헌

강성도, 『종교다원주의와 구원』, 서울: 대한기독교서회, 1997.

김경재, 『종교다원시대의 기독교 영성』, 서울: 다산글방, 1994.

김승철 편저, 『종교다원주의와 기독교 I』, 서울: 나단, 1993.

배국원, 『현대 종교철학의 이해』, 서울: 동연, 2000.

변선환 박사 화갑기념논문집, 『종교다원주의와 신학의 미래』, 서울: 종로서적, 1989

이찬수·유정원, 『종교신학의 이해』, 경북 왜관: 분도출판사, 1996.

크리스찬 아카데미 편, 『대화의 철학』, 서울: 서광사, 1992.

한국종교연구회 역, 『종교다원주의와 세계종교』 서울: 서광사, 1990.

Braaten, Carl E., *No Other Gospel!*, Minneapolis: Fortress Press, 1992.

Coward, Harold, *Pluralism: Challenge to World Religions* (1985), 한국종교연구회 역, 『종교다원주의와 세계종교』 서울: 서광사, 1990.

Hick, John(1973), *Philosophy of Religion*, Englewood Cliffs: Prentice-Hall, 1973.

_________(1982), *God Has Many Names*, Philadelphia: The Westminster Press, 1982.

게 가족을 위해 최선을 다했지만, 가족들은 서로간의 소통의 부재로 인하여 그러한 남편의, 아버지의 노력을 바로 보지 못한다. 가정과 사회가 변했고 변화한 가정에서 요구되어지는 남편의 역할 그리고 아버지의 역할을 도외시한 결과로 야기된 대화부재가 비극의 원인이었다. 그러한 가정의 비극은 소설 속에서만이 아니고 우리 사회의 많은 가정에서 정도의 차이는 있지만 아직도 계속되고 있다는 데에 문제의 심각성이 있는 것이다.

가정에서의 대화부재는 그것으로 끝나는 것이 아니고, 그 가족 구성원이 밖으로 나가 활동하는 모든 영역에서 가정과 비슷한 대화부재현상을 낳게 한다. 학생들은 학교에 가서 입시 위주의 주입식암기교육으로 질문과 대화, 토론이 없는 교사 일방적인 수업을 받아야 한다. 수업 분위기뿐만이 아니라 일상적인 교사-학생 관계에서도 수직적 서열관계가 확고하여 속을 털어놓고 대화다운 대화를 할 수 있는 선생님을 찾기가 결코 쉽지 않다. 부모들은 직장에 가서 직장의 수직적 구조에서 아랫사람은 윗사람의 눈치를 살펴야 하고 윗사람은 권위주의적으로 아랫사람을 대하게 됨으로 진정한 의미의 대화를 찾기 힘들다.

특히 직장에서 볼 수 있는 대화부재의 대표적 예는 노사관계에서 찾아 볼 수 있다. 투쟁이라고 쓴 붉은 머리띠를 머리에 두른 채 과격하게 행동하는 노동자들의 모습에서는 예초에 대화의 의지가 있을까 하는 의구심마저 들게 한다. 불법파업으로 공

권력과 대치하거나 각목이나 쇠막대기 등으로 싸우는 장면이나, 파업을 거부하는 동료들을 구타하거나 테러하고 경우에 따라서는 자신들의 일터를 파괴하는 행동까지도 한다. 물론 이들을 이토록 과격하게 한 사용자들의 문제도 없지 않지만 이렇게 극한으로 치닫게 된 배경에는 어느 한 쪽만의 문제가 아니라 양쪽 모두가 함께 책임져야 할 문제이다. 이러한 극한투쟁의 결과로 일은 하지 않고 파업만 전문적으로 하는 귀족노조가 탄생하기도 하고, 노조 때문에 공장의 문을 닫고 다른 나라로 공장을 이전해 버리는 회사들까지도 생기게 되었다. 또한 강성 노조 때문에 외국 기업들이 우리나라에 투자하기를 꺼린다는 것은 이미 잘 알려진 사실이다. 이러한 불행은 대화와 타협을 통한 길만이 노와 사가 함께 공생하는 길임을 알기까지 우리 사회가 지불해야 하는 비싼 수업료인 셈이다.

이러한 대화부재는 사회의 여러 가지 현안문제들을 해결해야 하는 곳에서 극명하게 나타난다. 예를 들어 핵폐기물처리시설 건립, 새만금간척사업, 쓰레기 위생매립장이나 화장장 설립, 최근에는 한미 FTA 협상 등에 대해 이를 찬성하거나 반대하는 측들의 극한시위에서 볼 수 있다. 시위를 하는 측들은 상대의 입장을 들어보려고 조차 않고, 오직 자신들의 주장만을 관철시키기 위해 대화나 타협보다는 과격한 물리력을 사용하게 된다. 이러한 대화부재는 시민단체나 농민단체들만의 문제가 아니고

국정을 책임지고 있는 정부도 마찬가지로 연루되어 있다. 예를 들어 한미 FTA 협상을 위해서 정부는 일방적으로 밀어붙이기식 협상을 진행할 것이 아니라, 미리 농민들과 대화를 통해 FTA의 필요성과 그 대책에 대해 충분히 설득했어야 했다. 정부와 국민들 사이에 대화부재로 말미암아 농민들이나 시민단체들은 정부를 신뢰하지 못하고 정부가 하는 일은 무조건 반대하게 되는 것이다.

대화부재현상을 언급함에 있어 정치권을 빼놓을 수 없다. 여야의 끝없는 공방과 비난으로 국민들을 지겹게 하는 정치인들의 구태의연한 모습과 대화와 토론의 장이어야 하는 국회에서의 국회의원들의 추태는 우리나라 정치의 현주소를 대변해 준다. 정치의 발전은 건실한 여당과 야당이 대화와 타협을 통해 서로를 견제함으로써 가능하게 된다. 그러기 위해서는 서로를 대화의 파트너로 인정해야 하는 것, 즉 서로에게 없어서는 안 될 존재임을 인식하고 수용하는 것이다.

우리 사회는 세계화와 정보화로 그 어느 때보다 더 모든 면에서 원활한 소통을 필요로 한다. 그러나 이상에서 살펴본 바와 같이 대화부재현상은 단순히 개인적인 또는 사회 일부분에 국한된 문제가 아니라, 우리 사회 전반에 만연되어 있는 문제이다. 달리 표현하자면, 이 현상은 이 사회에 살고 있는 우리 모두의 문제이다. 이 대화부재의 심각성이 바로 여기에 있다. 우리 사회의 모든 영역(종교계까지 포함)에서의 갈등과 폭력은 구성원 상호간의 소통이 막혀버린 대화부재에서 그 첫 번째 원인을 찾을 수 있다. 이 문제를 해결하지 못할 경우 사회의 모든 영역에서 발생하는 갈등과 불화를 해결할 수 없을 뿐 아니라, 그로 인한 개인적, 가정적, 사회적, 국가적 손실은 상상을 초월할 것이다. 이제 지구는 의사소통이 가능한 하나의 지구촌으로 변화하고 있다. 우리 사회 역시 이 변화를 외면할 수 없다.

4. 대화문화 부재 현상의 원인 분석

진정한 의미의 대화란 우선 대화의 당사자들이 서로의 눈높이를 맞추어야 한다. 눈높이를 맞춘다는 것은 서로 평등한 관계이어야 하고, 서로가 상대를 나와 같은 소중한 존재로 인정해야 하고, 또한 상대가 나와 다름을 수용해야 한다는 의미이다. 달리 표현하자면, 존재론적으로 서로가 동질적이면서도 상이한 존재라는 사실을 인정하고 수용해야 한다는 것이다. 그러나 수직적 성향이 아직도 강한 우리 사회의 인간관계에서는 결코 눈높이 맞추기가 쉽지 않다. 그리고 상대의 다름을 인정하고 수용한다는 것은 더 더욱 어렵다. 그러므로 사실상 대화문화 자체가 우리 사회에 뿌리내릴 수 있는 토양이 없었다. 때문에 대화문화 부재현상의 원인을 분석함에 있어 먼저 우리 사회의 제도와 그 안에 살고 있는 사람들의 의식을 점검하여야 할 것이다.

가) 전통사회의 제도와 의식

오늘날 우리 사회의 제도와 의식은 과거로부터 영향을 받으면서 변화하였음으로 우선 전통사회의 제도와 의식을 점검하는 것부터 시작하는 것이 순서일 것이다. 전통사회의 기본 틀은 가부장제였고, 그 위에 정치적으로는 전제군주제도, 사회적으로는 신분에 의한 철저한 계급사회, 경제적으로는 벼농사 중심의 농경사회 그리고 가정적으로는 대가족제도가 자리하였다. 전통사회는 철저한 계급에 의한 수직적 제도였고, 혈연 중심의 공동체 사회였음을 알 수 있다. 그러므로 이를 종합해 보면 전통사회의 제도는 '공동체 중심의 수직적 제도'로 요약된다. 제도는 의식형성에 직접적인 영향을 미침으로 전통사회의 공동체 중심의 수직적 제도에서 오랜 세월 살았던 사람들의 의식은 역시 '공동체 중심의 수직적 의식'으로 형성되어졌다.

공동체 중심의 수직적 의식에 관하여 좀더 상세히 설명할 필요가 있다. 전통사회에서의 공동체란 같은 혈족들이 모여 사는 혈연 중심의 공동체를 의미한다. 같은 성씨들이 모여 사는 공동체에서는 '우리'개념이 발달되었다. 이 '우리'공동체는 개체 개념과는 거리가 먼 가족 중심의 집단주의적 성격이 강하다. 이러한 공동체 중심의 사회에서는 개체로서의 '나'는 존재할 수 없었고, 어떠한 개인이라도 '우리'공동체에 뿌리를 두지 않았다면 사회적 생명이 없었다. 사실 전통사회에서는 가문에 속하지 않거나 가문을 떠난 개인은 결코 사람구실을 할 수 없었다. 그러므로 '나'라는 1인칭 대명사보다는 '우리' 라는 1인칭 복수를 자연스럽게 많이 쓸 수밖에 없었다. 이러한 혈연 중심의 '우리'공동체는 족보의 항렬에 의한 수직적 위계질서가 확립되어 있어야 한다. 수직적 위계질서가 확립된 공동체만이 사회적으로 힘을 발휘할 수 있었다. 반대로 수직적 위계질서가 확립되지 않은 공동체에서는 위계질서 확립을 위한 내부갈등 때문에 결속력이 약해져 외적으로 힘을 발휘할 수 없게 된다. 이와 같이 '우리'공동체는 수직적 위계질서와 밀접한 관계를 맺고 있다. 결국 전통사회는 혈연과 지연 같은 공동체 중심의 수직적 제도가 기반이 되는 사회였고, 이 사회의 구성원들은 이 제도에 걸맞은 공동체 중심의 수직적 의식을 가지고 살았다. 이처럼 제도와 의식이 서로 맞아 떨어지면 사회라는 수레는 제도와 의식이라는 크기가 같은 바퀴에 의하여 문제없이 굴러 가게 되는 것이다.

기본적으로 눈높이를 맞추어야 하는 진정한 의미의 대화는 대화의 파트너인 '나'와 '너'가 상호평등관계에서 서로의 다름을 인정하고 수용하는, 즉 서로가 상대의 개체로서의 독립성을 인정한다는 전제조건에서 가능하다. 그러나 전통사회의 공동체 중심의 수직적 제도와 의식은 철저한 수직적 관계이고, 개체는 존재하지 않고 오직 집단주의적 공동체인 '우리'만이 존재함으로 대화문화가 설 수 있는 토양이 전혀 갖추어져 있지 않았던 것이다. 대화부재현상이 사회의 구조적인 문제라 표현했던 것도 이 현상이 바로 전통사회의 제도와 의식에서 기인되었기 때문이다.

나) 사회제도와 의식의 변화

전통사회의 공동체 중심의 수직적 제도와 의식이 근대화 과정에서 어떻게 변화되어 오늘에 이르렀는지를 살펴보면 오늘날 우리 사회의 제도와 이 사회에 사는 한국인들의 의식을 이해할 수 있고 이 과정에서 대화문화가 부재할 수밖에 없는 오늘의 상황에 대해 알 수 있게 될 것이다.

박경리가 쓴 '토지'라는 장편대하소설을 보면, 격동기였던 구한말에서부터 일제 식민지 시절에 이르기까지 한 양반 가문의 흥망성쇠의 과정에서 드러나는 생존을 위해 몸부림치는 군상들의 여러 모습에서 우리 전통사회의 변화, 특히 계급 제도의 붕괴 과정을 실감 있게 접할 수 있다. 이 소설에서 보는 바와 같이 그 당시 제도적인 측면에서는 전제군주정치가 식민지 총독으로 바뀌고, 신분에 의한 계급제도가 붕괴되어 가는 등의 사회변화를 볼 수 있었지만 그 외의 제도들, 즉 대가족제도, 벼농사위주의 농경사회 등은 그대로 유지되었고, 또한 의식 역시 크게 변화하지 않았음을 알 수 있다. 의식은 정신적이고 내적인 것이기에 물질적이고 외적인 것에 속하는 제도에 비해 더디 변화하기 때문이다.

사회제도의 극적인 변화는 1945년 이후에 볼 수 있게 된다. 일제식민시기까지 수동적이고 소극적인 변화로 일관하였다면, 이때부터는 능동적이고 적극적으로 우리 스스로가 변화를 주도하게 된다. 그 대표적인 예가 바로 자유와 평등을 원칙으로 하는 서구의 민주주의라는 정치제도를 도입한 것이다. 수직적이던 전제군주제도와는 전혀 다른 수평적인 제도로의 극적인 변화였다. 신분의 차별, 빈부의 차별, 적서의 차별 없이 평등하게 누구나 국민으로서 한 사람이 한 표씩 나라님인 대통령을 직접 뽑는다는 선거는 이 제도의 꽃이 된다. 이 제도는 이제 더 이상 집단주의적 공동체가 중심이 아니라 각 개체들이 중심이 되는 제도임과 아울러 모두가 평등함을 일깨워 주었다. 이제 정치제도는 공동체 중심의 수직적 제도에서 개체 중심의 수평적 제도로 바뀌게 되었음을 말해준다. 민주주의 제도와 함께 출신성분에 관계없이 누구나 능력만 있으면 돈을 벌 수 있는 자유시장제도 역시 함께 도입되었다. 이러한 정치와 경제제도의 도입이 곧바로 의식의 변화에 영향을 미쳤으나 도입초기에 의식의 변화는 미미할 정도에 머물게 된다. 1960년대로 접어들면서 경제적인 측면에서도 점차 변화의 조짐이 시작되었고 70년대부터는 산업화의 열기에 휩싸이게 되었다. 이러한 변화는 그 이후로 이어지면서 극적인 압축성장을 이루게 한다. 이러한 과정을 통해서 우리의 가족은 대가족에서 핵가족으로, 우리 사회는 농경사회에서 산업사회로 짧은 시기에 탈바꿈하게 된다. 이러한 변화는 여세를 몰아 우리 사회를 산업사회를 뛰어넘어 지식정보사회로까지 일거에 진입하도록 하였다.

우리 사회제도의 변화사를 정리해 보면, 우리의 전통사회가 능동적이고 적극적으로 변화를 추진할 수 있었던 1945년 이래 해방 60돌이 갓 지난 지금에 이르기까지 단지 60여년 사이에 변화를 거듭하여 최소한 제도적인 면에서는 제도의 근간이 공동체 중심의 수직에서 개체 중심의 수평 사회로의 변화가 거의 완벽하게 마무리 되었다. 이제 전통사회의 제도들은 역사책이나 혹은 박물관에서나 찾아 볼 수 있게 되었다. 그럼에도 공동체 중심의 수직적 의식은 우리의 사회와 우리의 정신 안에 아직도 여러 가지 모습으로 자리 잡고 있음을 부인할 수 없다.

개체 중심의 수평적 제도로의 변화는 수레의 다른 쪽 바퀴인 의식 역시 제도에 맞게 개체중심의 수평적으로 변화할 것을 주문한다. 물론 급격한 제도의 변화와 함께 이미 공동체 중심의 수직적이던 의식이 서서히 개체 중심의 수평적 의식으로의 변화가 시작되었다. 이러한 변화는 70년대 이후부터 두드러지게 나타났다. 그러나 짧은 시기에 극적으로 변해 버린 제도의 변화에 의식이 보조를 맞추지 못하고 있다. 앞에서 이미 언급한 바와 같이 정신영역에 속하는 의식은 물질영역에 속하는 제도와는 다른 훨씬 느린 변화의 속도를 갖기에 변화를 위해서는 많은 시간을 필요로 하고, 또한 그에 준하는 엄청난 노력이 함께 요구되어진다. 바로 여기서 보는 바와 같이 서로 다른 변화의 속도 때문에 야기된 제도와 의식의 괴리가 우리 사회의 모든 문제의 근원이 되는 것이다. 그 대표적인 예로 개체 중심의 수평적 제도인 민주주의 제도가 도입된 지 60여년이 지난 오늘날까지 이 제도가 이 땅에 뿌리를 내리지 못한 이유는 우리의 의식이 아직도 이 제도에 맞지 않는 공동체 중심의 수직적 성향이 대단히 강하기 때문에 개체 중심의 수평적인 민주주의라는 제도가 제 기능을 제대로 발휘하지 못하고 있는 것이다. 민주주의는 대화와 토론으로 여당은 야당을 야당은 여당을 그리고 정치인들은 국민들을 설득하고 타협점을 찾아 문제를 해결해가는 정치제도임에도 아직도 대화와 토론보다는 물리력에 의존하고 선거철마다 나타는 지역감정, 연고주의 등은 전통적 의식에서 탈피하지 못한 우리 의식의 현주소를 말해 주고 있다.

현재 우리가 사는 사회를 지식정보사회라 한다. 이 지식정보사회의 지식이나 정보는 더 이상 어느 특정집단의 전유물이 아니라 정보의 고속도로인 인터넷을 통해 그것을 필요로 하는 모든 사람들에게 쉽게 주고받을 수 있고, 경우에 따라서는 사고팔고 할 수 있는 것이다. 이러한 지식이나 정보를 활용하여 또 다른 지식을 재생산하고 그것을 모두가 공유할 수 있도록 하는 사회이다. 이 사회의 기본은 서로간의 소통을 가장 중요시한다. 또한 이 사회의 인간관계는 과거처럼 피라미드형의 수직적이 아니고 네트워크형의 수평적이다. 이 사회가 제대로 뿌리내리기 위해 요구되는 의식은 더 이상 집단주의적 공동체가 아니라 개체로 더욱 좋기로는 인격체로까지, 그리고 수직적 위계질서를 따지는 의식에서 네트워크형의 수평적 의식으로의 전환이다. 우리의 의식이 아직도 전통적 의식에 볼모로 잡혀 있다면 새롭게 도래한 지식정보사회가 꽃피울 수 없을 것이다. 또한 우리가 선진국 진입의 문턱에서 헤매고 있는 것도 과거 산업화까지 통했던 의식을 선진국 수준의 의식으로 변화시키지 못한 것이 그 첫 번째 요인이라 할 수 있다.

다) 공동체 중심의 수직적 의식의 문제점

앞에서 언급한 바에 의하면 한국인의 의식은 공동체 중심의 수직적인 의식에서 시대의 흐름과 사회변화에 따라 점차 개체 중심의 수평적 의식으로 변화하고 있음을 볼 수 있다. 전통사회에서 물려받은 공동체 중심의 수직적 의식이 아직도 상당부분 남아있으면서도 일부분은 개체 중심의 수평적 의식으로 옮겨가고 있는 상태, 즉 과도기적 상황이라고 할 수 있겠다. 과도기 상황이란 큰 뿌리는 공동체 의식에 두고 있지만, 개체 의식이

들어와 뿌리를 조금씩 잠식해 가는 것으로 두 가지 의식이 함께 혼재하다 보니 기존의 문제와 과거에는 볼 수 없었던 문제들이 복잡하게 어우러져 해결책을 찾기가 더욱 어려워진 상황을 말한다.

우선 공동체 중심의 수직적 의식이 어떤 문제를 가지고 있는가에 관하여 알아본다. 공동체 개념은 집단주의적 성격의 공동체 개념이다. 이는 혈연을 중심으로 한 가족 공동체로부터 지연 공동체 그리고 학연 공동체로 확대된다. 동질성을 기본으로 하는 혈연, 지연, 학연 공동체는 그 안에 확고한 수직적 위계질서가 자리하여야 공동체 내부의 결속력이 극대화되고 외적으로 엄청난 힘을 발휘하게 되는 것이다. 그러므로 공동체 개념은 항상 수직적 요소와 찰떡궁합이다.

이 공동체의 기본이 되는 혈연, 지연, 학연은 같은 핏줄, 같은 동네, 같은 학교 출신으로 오직 동질적인 사람들만이 수직적 위계질서에 따라 굳건히 뭉치게 된다. 이러한 동질성이 강하다 보니 이 공동체 안에서는 이질적인 요소를 위한 자리가 없다. 이러다 보니 이러한 공동체는 지극히 배타적이고 폐쇄적이다. 이러한 동질성, 배타성 그리고 폐쇄성의 특성에서 '다름=틀림'이라는 공식이 성립됨을 알 수 있다. 혼혈인들과 피부색이 짙은 이주노동자들에게 이 땅에 설 자리를 주지 않는 순혈주의나 선거철마다 망령처럼 나타나는 지역감정과 연고주의 등의 뿌리가 바로 이 의식에 자리하고 있는 것이다.

공동체 의식은 1인칭 대명사 복수 '우리'와 잘 어울린다. 이 '우리'는 공동체 개념이 집단주의적 성격임을 암시하는 것으로 '나'와 '너'의 합으로서의 '우리'와는 질적으로 전혀 다르다. 다시 말해 이 '우리'는 '나'와 '너'로 분화되기 이전의 집단체로서의 '우리' 개념인 것이다. 일상적인 언어사용에 있어 예를 들어 '나의 엄마'가 아니라 '우리 엄마' '내 동생'이 아니라 '우리 동생' 등과 같이 '나'보다는 '우리'라는 소유대명사를 주로 사용하는 이유를 여기서 찾을 수 있다. 물론 문법적으로는 분명한 오류이지만 정서적으로는 잘 맞기에 전혀 문제되지 않는다. 서구영화를 한국어로 더빙하는 과정에서도 '나의 아빠'는 '우리 아빠'로 남녀간의 평등하던 대화가 여자가 남자에게 경어를 쓰는 권력관계로 바꾸어 놓는다. 이와 같이 우리가 사용하는 언어 역시 아직도 공동체 의식과 수직적 의식을 반영하고 있음을 알 수 있다.

이미 언급했듯이 이 '우리' 공동체의 '우리'는 아직 '나'와 '너'로 분화되기 이전의 단계이므로 '나'라는 사(私)적 개념이 발달되지 않았다. 사(私) 개념이 발달되지 않으면 공(公) 개념도 발달될 수 없다. 그러한 이유에서 우리 사회에 공적인 일을 사적인 차원에서 해결하려는 공사구별이 모호한 상황을 쉽게 접할 수 있다. 그리고 공과 사의 구별이 명확할 때 비로소 자기가 한 일에 대한 경계가 확실해지기 때문에 책임관계가 확실하여 무책임한 행동을 하지 않게 되는데, 공사구별이 명확하지 못한 만큼 자신이 한 일에 대해서도 책임을 회피하려는 무책임한 행동들이 난무하는 원인 역시 의식에서 찾을 수 있다. 또한 법과 질서보다는 정과 의리가 앞서고, 불합리하고 비논리적으로 문제를 해결하려는 사례도 같은 맥락에서 이해할 수 있다.

수직적 의식이 강하고 자아개념이 잘 발달되지 못한 사람은 위계질서 안에서 자기에게 주어진 역할을 잘 수행하는 것과는 무관하게 자기의 위치나 위상을 과시하거나 인정받기를 원한다. 이러한 행위를 권위주의라 한다. 권위주의는 수직적 의식과 밀접한 관계를 맺고 있음을 알 수 있다. 권위주의의 예는 수직적 위계질서가 강한 관료주의 사회에서 흔히 볼 수 있다. 공무원은 국민의 손발이 되어 국민에게 봉사하는 것이 그들의 역할이다. 그러나 그들은 봉사라는 본연의 역할을 망각한 채 국민들 위에 군림하려고 하는 것이 바로 권위주의적 관료주의이다.

공동체 중심의 수직적 의식에 의한 종속지배적인 인간관계에서는 필연성이 요구된다. 윗사람이 지시하는 대로 아랫사람은 이유 없이 꼭 따르지 않으면 안 된다. 이러한 필연성이 강조되면 선택의 여지가 없다. 선택의 여지란 선택의 자유를 의미한다. 선택의 자유란 민주주의 선거의 기본이다. 혈연에 좌우되거나 지역감정에 자극되어 선거하는 것은 선택의 자유가 아직 뿌리내리지 못했음을 의미한다. 민주주의가 제대로 정착하기 위해서는 선택의 자유를 원천적으로 봉쇄하는 필연성이 아니라 선택의 자유를 보장하는 가능성이 활성화되어야 한다.

이미 언급한 바와 같이 한국인의 의식이 시대의 흐름과 사회의 변화에 따라 '개인주의' '이기주의'라는 형태로 개체 의식이 공동체 의식을 서서히 밀어내기 시작하면서 과도기적 상황에 직면하고 있다. 과도기 상황에서는 공동체 의식의 문제와 더불어 새롭게 들어온 개체 의식에서 파생된 '개인주의' '이기주의'의 문제들까지 혼재하면서 더욱 복잡한 상황이 전개된다. 이러한 상황을 대변해 주는 단어가 바로 '집단이기주의'이다. 본래 집단주의는 공동체 의식에, 그리고 이기주의는 개체 의식에 뿌리를 두고 있기 때문에 결코 함께 할 수 있는 단어가 아니다. 이는 한국인의 의식이 한 발은 개체 의식의 초기단계로 나머지 한 발은 아직 공동체 의식에 두고 있는 과도기적 상황임을 증명해 주는 것이다. 예를 들어 자기에게 유리하면 '나'를 내세워 '내가 했어'라고 하지만, 자기에 불리하면 '우리가 했어'라고 '우리' 공동체 안으로 숨어 들어가 책임을 희석시켜버리는 것이다.

라) 공동체 중심의 수직적 의식과 대화문화 부재 현상

진정한 의미의 대화는 앞에서 언급한 바와 같이 기본적으로 눈높이가 맞고 서로의 다름을 인정해야 한다고 하였다. 그러나

'다름=틀림'이라는 공식의 동질성만을 선호하는 공동체 의식과 서로를 종속지배적 권력관계로 만드는 수직적 의식이 아직까지 힘을 발휘하고 있는 상황에서 서로의 다름을 인정하고 눈높이를 맞출 수 없는 것이다. 바로 이러한 의식 때문에 대화문화가 정착될 수 없었던 것이다. 우리 사회의 모든 영역에서 나타나는 대화문화부재현상의 근본원인은 공동체 중심의 수직적 의식임이 확연히 드러난다.

이러한 대화부재현상은 여러 가지 문제들을 파생시킨다. 대화의 기본자세는 경청이다. 즉 남의 말을 인내를 가지고 듣는 것이다. 인내를 가지고 상대의 말을 듣는다는 것은 상대의 다름을 인정하고 존중한다는 의미를 내포하고 있다. 수직적인 인간관계에서는 위에서 아래로 일방통행식으로 자기 얘기만을 하다 보니 상대의 의견을 듣고 수용한다는 것은 사실상 어렵다. 이러한 분위기에서는 대화와 토론은 불가능하다. 대화문화부재는 토론문화부재로 이어지는 것이다. 토론공화국을 아무리 외쳐도 근본적인 의식의 변화 없이는 공염불일 뿐이다. 이러한 토론문화부재는 자신의 의견을 정확히 표현하고 남을 설득하는 훈련이 되어있지 않음으로 국제회의석상에서의 협상력부재로 연결된다. 또한 대화부재로 듣는 훈련이 되어 있지 않기에 상대의 말을 차분히 경청하지 못하고 성급하여 매사에 '빨리빨리'라는 현상을 낳게 하는데 일조했을 것이다.

대화의 부재는 '예'와 '아니오' 만을 강요하는 흑백논리에 빠지게 됨으로 타협을 불가능하게 한다. 타협이란 자기 것만을 고집하는 것이 아니라 서로의 의견을 내놓고 그 의견들 가운데서 좋은 점들만을 모아서 제3의 길을 제시하는 것으로 서로 함께 이기는 Win-Win 전략, 즉 상생전략이다. 흑백논리는 흑과 백만이 존재하고, 그 두 색 사이에 무지개 칠원색과 같은 수많은 아름다운 색들이 존재할 자리를 주지 않는다. 흑과 백은 고래싸움처럼 끊임없는 갈등을 야기하지만 정작 이를 중재해줄 제3의 세력은 존재하지 않음으로 갈등의 끝을 찾기가 쉽지 않다. 흑백논리를 극복하는 길은 우리 사회가 역포물선 형태로 양쪽 끝은 흑과 백이 그 사이에는 수많은 아름다운 색들이 자리 잡고 있는 구조로 변화되어야 한다. 이러한 구조에서 흑과 백 사이에 존재하는 다양한 색들이 사회의 균형과 조화를 유지함으로 흑과 백의 갈등이나 싸움은 새우싸움처럼 별로 힘을 발휘하지 못할 것이다.

타협부재와 흑백논리가 힘을 쓰는 곳에서는 올바른 의미의 비판은 찾아볼 수 없고 서로를 헐뜯는 비난만이 위세를 떨친다. 우리 사회에서는 '비판'이라는 단어가 '비난'이라는 의미로 오남용 되고 있다. 비판은 선의의 의도로 상대의 잘못을 지적해 주고 상대 역시 이를 고맙게 수용하고 개선하고자 노력하는 생산적 의미의 개념이다. 비판을 수용하지 못하고 항상 잘했다고만

해주길 바라는 사람은 겉으로는 성인(成人)일지라도 의식의 수준으로는 어린아이에 불과하다. 예를 들어 대화와 타협을 거부하고 서로 물고 물리며 끝없이 대립만을 야기하는 정치권의 진흙탕싸움에서는 상대의 잘한 것도 잘못되었다고 무조건 헐뜯는 흑백논리적인 비난만 있지 비판은 결코 찾아 볼 수 없다.

또한 대화부재는 말로써 서로의 감정을 있는 그대로 전할 수 없기에 감정표현이 미숙하고 눈치만이 아주 발달된다. 서로의 감정을 솔직하게 표현할 수 없다보니 그러한 상대의 감정을 눈치로 알아내야 하고, 나의 감정을 상대가 알아주길 바라게 된다. 그러므로 눈치로써 상대의 의중을 간파해야 함으로 무척 피곤한 일이고 오해의 소지도 많다.

그러나 만약 한국인의 의식이 인격체 중심의 수평적 의식으로 변화한다면, 이러한 의식의 소유자들은 나이나 사회적 지위에 구애받지 않고 서로의 다름을 인정하고 수용하기에 눈높이를 맞추는데 어려움이 없어 대화의 기본전제조건이 자연스럽게 갖추어지게 된다. 대화문화는 이러한 의식에 자리한다. 가족 구성원들 간의 대화에서부터 사회 모든 영역에서 대화의 활성화는 대화문화를 낳게 한다. 대화문화가 뿌리내린 곳에서는 모든 문제의 해결방법을 물리적인 힘에 의존하는 것이 아니라 대화, 토론, 타협으로 해결한다. 대화와 토론문화가 활성화된 곳에서는 흑백논리는 설 자리가 없으며 구성원들은 자신의 의사를 논리정연하게 그리고 자신의 감정을 숨김없이 표현하기에 서로간의 오해의 불씨도 줄일 수 있고, 상대의 눈치를 볼 필요가 없을 것이다. 또한 상대의 말을 경청하는 훈련이 되어있음으로 성급하게 판단하거나 단정 짓거나 결과만을 보고 추궁하는 잘못을 줄일 수 있을 것이다. 그리고 비난이 아닌 비판이 활성화되기에 서로의 문제들을 비추어 주고 생산적으로 변화시키려고 노력하는 대화적 관계를 통해서 함께 날로 성숙해질 것이다.

마) 의식발달의 3단계와 대화

외적인 제도의 변화와 인간의 내적 성장에 따라 우리의 의식도 성장하고 발달한다. 혈연, 지연, 학연의 동질적인 요소만을 강조하는 '우리' 공동체의식이 1단계이고, 이 단계에서는 수직적 성향이 강하다. 1단계의 동질성과 수직적 성향 때문에 서로의 다름을 인정하지 못하는 '다름＝틀림' 공식이 자리하고 서로의 눈높이를 맞출 수 없어 진정한 의미의 대화는 불가능하다. 인간의 자아가 성숙해지면 모든 면에서 홀로서고[自立], 자기 자신의 주인[自主]이 된다. 이러한 자립하고 자주하는 존재는 비로소 자유롭고 자율적인 개체가 된다. 이 개체가 바로 2단계 개체의식의 주인이다. 개체(Individuum)는 단어 자체가 의미하는 바와 같이 존재의 유일무이함을 강조함으로 다른 존재와 관계를 맺지 않는다. 2단계에서는 각자의 '다름'이 인정되지만 자기만의 존재론적 영역에 홀로 존재하고자 하는 경향 때문에 타자와의 관계가 형성되지 않음으로 진정한 의미의 대화는 자리하지 못하고 독백만이 가능하다. 자기만의 존재론적 영역에서 홀로 존재하는 개체가 폐쇄된 영역에서 나와 다른 개체와 만나서 관계를 맺게 되면, 개체는 더 이상 개체가 아니고 타존재와 함께 공존하는 인격체로 성장하여 3단계로 진입하게 된다. 3단계에서는 각 존재의 독립성이 인정되어지면서도 서로 '나'와 '너'의 동등한 관계를 맺는다. 이러한 관계를 대화적 관계라 한다. 진정한 의미의 대화란 바로 이 대화적 관계 위에 자리한다. 인격체로서의 '나'와 '너'는 서로가 대화를 통해서, 서로를 있는 그대로 비추어 주기에 자신의 모습을 정확히 볼 수 있어 더 나은 자신으로 이 대화적 관계 안에서 늘 성장하는 것이다. 이를 대화의 거울효과라고 한다.

대화문화가 뿌리내리기 위해서는 최소한 3단계 인격체의식으로 성장하여함을 알 수 있다. 그러나 현재 한국인의 의식의 수준은 1단계 공동체의식에서 2단계 개체의식으로 옮겨가고 있는 과도기적 상황이다. 다시 말해 한 발은 아직도 과거의 1단계 의식에 두고 다른 한 발은 2단계 개체의식의 초기단계에 두고 있는 상황이다. 이미 언급한 바와 같이 1, 2단계에서는 대화문화가 뿌리내릴 수 없기에 대화문화부재현상은 지속될 수밖에 없다. 합리적 문제해결을 저해하고 갈등과 반목을 야기하는 대화문화부재현상을 극복하기 위해서도 가족간의 종교갈등과 종교간 갈등을 해소하기 위한 종교간 대화를 위해서도 우리의 의식을 3단계로 성장시켜야 한다는 결론이다.

5. 의식에 사로잡힌 신앙

서두에서 언급하였듯이 우리 사회는 수많은 종교들이 공존하는 다종교 사회이다. 공식적인 통계에서 보더라도 국민의 절반 이상이 어떤 형태로든 종교와 연관관계를 갖고 살고 있다. 물론 이러한 수치와는 관계없이 개인적으로 보면 직접적으로 종교와 관계없이 산다고 하는 사람들도 상당히 있기는 하다. 그러나 그들의 삶을 유심히 관찰해보면 어떤 형태로든 신앙적 요소들을 발견할 수 있다. 결국 국민 모두가 거의 어떤 형태의 신앙을 가지고 사는 신앙인들이라 하더라도 별 무리함이 없을 것 같다. 그럼에도 불구하고 우리 사회 전반에서 볼 수 있는 비인간적인 사고 사건들, 부정부패, 비리, 환경파괴, 생명경시 풍조 등과 같은 엄청난 문제들을 우리는 어떻게 이해할 수 있을까?

일반적으로 신앙이 추구하는 것은 (개인적 또는 가족적, 사회적, 인류) 구원, 행복, 선, 자유, 평등, 정의, 인권 등으로 정리할 수 있겠다. 하지만 아쉽게도 '우리 사회에서 볼 수 있는 신앙은 개인적 또는 가족적 구원과 행복 그리고 부를 추구하는 한계를 넘어서지 못한다'라는 강한 인상과 경우에 따라서는 개인적 또는 가족적 구원과 행복 그리고 부를 얻기 위한 수단으로 전락된 느낌마저 준다. 이러한 신앙을 우리는 기복신앙이라 한다. 이러한 기복신앙은 무속을 비롯한 전통토착종교를 신앙하는 자들에서 뿐 아니라, 그리스도교를 신앙하는 사람들 사이에서도 만연되어 있음을 부정하기 힘들다. 이러한 연유에서 신(神)들도 연초나 입시 철에는 무척이나 바쁘다. 연초에는 한 해의 행운을 비는 자들 때문에, 입시 철에는 종교에 관계없이 입시생 부모들의 자녀들의 합격을 기원하는 신앙행위 때문에 이제 우리에게는 이 모두가 너무나 당연한 연중행사가 되어버렸다.

이러한 기복신앙의 뿌리는 우리의 삶을 지배하고 있는 운명론에서 찾을 수 있다. 우리는 정도의 차이는 있지만 아직도 태어남과 동시에 자신의 운명이 이미 결정되어버린다는 전통적인 운명론의 영향 안에서 살고 있다. 이 운명론은 우리의 삶에서 선택의 자유를 앗아가 버리고, 우리의 삶을 필연성이라는 올가미로 가두어버린다. 따라서 우리는 오직 정해진 운명에 따라 자신의 의지와는 관계없이 살아갈 뿐이다. 운명을 극복한다는 것은 불가능한 것으로 여기며, 우리 운명에 도사리고 있는 화나 액운 그리고 불행과 같은 것은 이 운명을 주관하는 신(神)에게 무언가를 바치고 피해가게 해주시라고 오직 빌 수 있을 뿐이다. 우리가 무속이나 토착종교를 버리고 다른 종교로 개종하였다고 할지라도 개종한 종교의 神에게 다른 형태이긴 하지만 기복적인 신앙행위는 지속된다.

우리는 신앙행위에서 운명론을 기반으로 하는 필연성 뿐 아니라, 우리 사회에 만연되어 있는 혈연 지연 학연으로 뭉쳐진 공동체에서 볼 수 있는 폐쇄성과 배타성도 찾아 볼 수 있다. 우리가 일반적으로 어떤 종교 공동체에서 사용하는 '사랑하는 형제자매'라는 용어는 그 종교 공동체의 울타리 안에 있는 사람들에게만 적용되지, 울타리밖에 있거나 울타리 밖으로 나가버린 자에게는 해당되지 않는다. 따라서 종교 공동체 역시 혈연 지연 학연으로 형성된 공동체보다 더 폐쇄적이고 배타적인 경우를 우리는 주변에서 많이 보게 된다. 특히 사이비 종교일수록 폐쇄성과 배타성은 더욱 강하다. 또한 한 줄기에서 사소한 이유로 여러 종파로 분리 독립된 종교들 역시 이러한 폐쇄성과 배타성에서 그 분열의 이유를 찾을 수 있겠다.

신앙 안에 자리 잡고 있는 필연성, 폐쇄성 그리고 배타성은 삶에서와 마찬가지로 권위주의를 낳게 하여 교역자와 평신도 사이의 인간관계는 일반적으로 권위주의적 수직관계를 유지하게 한다. 권위주의에 사로잡힌 교역자들은 평신도 위에 군림하고자 하고 떠받들어 주길 바라게 되어 신앙의 본질로서 봉사나 평등 개념은 경전 안에만 존재하지, 실제는 찾아 볼 수 없게 된다. 권위주의에 갇혀 버린 자는 神을 수단으로 이용하여 자신의 사욕 채우기에 급급하고, 결코 神에게 영광을 돌리려고 하지 않는다. 또한 사회에서처럼 종교적 공동체 안에서 감투에 집착하는 신앙인들의 모습도 이런 관점에서 이해할 수 있다. 그리고 가정생활까지도 팽개치고 열심하다는 말을 듣기 위해 종교단체에 매달리는 자들 역시 열등의식의 소산으로 이해가 가능할 뿐이다. 이러한 신앙공동체의 분위기에서는 정말 우리 사회에서 소외되고 멸시받는 그리고 가진 것 없는 자들의 설자리는 찾아보기 힘들게 된다. 결국 이곳 역시 사회적으로 이름 있고 부나 명예를 가진 자들이 판치게 된다.

이상의 문제점을 종합하여 보면, 일반적으로 우리의 신앙은 우리의 삶을 지배하는 공동체 중심의 수직적 의식에 의해 철저히 지배당하고 있음으로 결론을 내릴 수 있다. 바람직하기로는 신앙이 우리의 의식을 지배하고 이 의식이 우리의 삶을 지배하는 것이다. 그렇게 되면 진정 신앙은 우리의 삶의 굳건한 토대가 될 수 있을 것이고, 의식에 의해서 야기되어진 여러 가지의 고질적인 문제들을 - 필연성, 폐쇄성, 배타성, 권위주의, 무책임, 대화문화부재현상 등등 - 효과적으로 극복할 수 있을 것이다. 그러나 불행히도 우리의 경우 신앙이 의식에 사로잡히게 되어 신앙이 삶의 토대 역할을 할 수 없게 되었고, 그리하여 신앙은 우리의 삶과 유리된 채 존재해야만 한다. 삶과 유리된 신앙은 세상의 빛과 소금의 역할을 결코 할 수 없게 된다.

6. 나오는 말

우리 사회의 모든 영역에 견고히 자리하고 있는 대화문화부재현상을 극복하고, 대화문화를 뿌리내리기 위해서는 의식을 3단계로 성장시켜야 한다고 하였다. 문제는 의식이란 제도와는 다르게 내적이고 정신적이고 보이지 않기에 변화의 속도가 느리다는 것이다. 이러한 의식이 변화되기 위해서는 당연히 많은 시간과 노력이 필요하다. 과연 의식을 3단계 인격체의식으로 성장시킬 효과적인 방법은 없을까? 물론 의식개혁을 위한 모든 교육 프로그램을 - 청소년, 부모, 교사, 직장인들을 위한 의식교육 - 최대한 활용해야 할 것이다. 그러나 이보다 더 효과적인 것은 국민의 절반이 넘는 신앙인들이 신앙생활을 통해서 의식을 3단계로 변화시키는 방법이다.

종교철학자 마틴 부버(1878-1965)에 의하면 신(神)은 '영원한 너'로서 인간과 관계를 맺고 대화하는 인격체적인 神이다. 부버는 神을 '어떠하다'고 서술하는 것이나 대상화시키는 것을 거부한다. 그는 인간이 神과 인격체적인 관계를 맺게 되는 것을 '종교적인 것(das Religiöse)'이라 하고, 이 개념은 神을 서술하고 대상화시키는 '신학적인 것' 그리고 '종교' 개념과 구별된다. 부버에 의하면 종교가 종교적이어야 한다. 종교적이지 못한 종교는 핵심내용이 빠져버린 빈껍데기에 불과하다. 이러한 부버의 종교철학에 의하면 신앙인으로서의 인간은 神과 인격체적인 관계를 맺고 늘 대화하면서 성숙한 인격체로 성장해 간다. 그러므로 성숙한 신앙인은 이미 인격체로서 3단계 의식에 진입해 있는 것이다.

그리스도교의 하느님은 역시 인격체로서의 神이다. 그러므로 하느님은 인간과 인격체적인 관계를 맺고자 한다. 인간은 하느님과 인격체적인 관계 안에서 기도라는 형태로 끊임없는 대화를 통해서 아주 맑은 거울에 자신을 비춰보듯 영적으로 성장하게 된다. 하느님은 결코 인간 위에 군림하고자 하지 않지만, 아직 1, 2 단계의 수직적 성향이 강한 의식을 가진 인간이 하느님을 군림하는 존재로 이해하는 것이다. 진정 하느님과의 인격체적 관계를 맺을 정도의 성숙한 신앙인이라면 그의 의식은 이미 3단계 인격체적 의식으로 성장해 있을 것이다.

동양종교인 불교에서는 서양종교와 같은 유일신(唯一神) 사상이 없기에 부버의 종교철학으로는 설명이 되지 않는다. 그렇지만 부처는 설법을 할 때, 강론식보다는 대화를 더 많이 활용하였고, 열반에 들면서까지 제자들에게 '자주 모여서 진리와 정의, 공동 과제에 대해 대화와 토론을 하면 정법(正法)이 쇠퇴하지 않을 것'이라고 당부할 정도로 대화와 토론을 중요시 하였다. 이러한 것을 보아 부처도 제자들과 일반 신도들과도 인격체적인 관계를 맺었음을 알 수 있다.

동서양의 종교를 막론하고 그 종교가 '종교적 종교'라면, 그 종교적 가르침과 신앙생활에서 공통적으로 타인을 존중하고 배려하는 그리고 서로의 다름을 인정하고 수용하는 대화적 관계를 기본으로 하고 있다. 따라서 어느 종교를 믿던 간에 성숙한 신앙인 되었다면, 이때 '성숙함'이란 신앙에서만이 아니고 의식적인 측면에서도 3단계 인격체적인 의식으로 성숙하였음을 의미하는 것으로 이해할 수 있을 것이다. 국민의 절반이 넘는 수의 신앙인들이 이 땅에 살면서 아직도 대화문화부재현상 때문에 각 가지 문제로 어려움을 겪고 있는 것을 볼 때, 종교나 신앙인들이 제 몫을 제대로 하고 있지 못한 부분이 상당히 크다. 종교나 신앙인들이 성숙한 신앙인으로 거듭나려는 노력으로 우리 사회의 대화문화부재현상을 극복하고자 하는데 제 몫을 다하고자 한다면, 여타 교육적인 노력과 함께 큰 효과를 낳을 수 있을 것이다. 우리 사회의 대화문화부재현상이라는 큰 걸림돌이 제거된다면 종교간 대화는 종교라는 특수한 상황을 감안할지라도 큰 어려움 없이 성공적으로 진행될 수 있을 것이다.

제 2 부

이웃 종교와의 대화를 향한 첫걸음

불교와 그리스도교의 만남

서 명 원(Bernard Senécal S.J.)

예수회 신부, 서강대학교 종교학과 교수

목 차

1. 들어가는 말 : 불교와 그리스도교 만남의 땅, 한국

한국은 지구상 그 어느 나라에서보다 가장 활발히 종교간 대화가 이루어질 수 있는 나라이다. 그것은 한반도에서 불자와 그리스도인이 인구의 각각 25% 이상씩을 차지하고 있기 때문이다. 이러한 한국의 현실은 종교인들이 서로를 전혀 무시할 수 없는 처지에 실제적으로 놓여있다는 사실을 잘 밝혀준다. 그럼에도 불구하고 본인이 관찰한 바로는, 한반도에서 현재 종교간 대화가 잘 진행되고 있다고 말하기 어렵다. 오늘날, 개인의 개성과 그 고유성을 존중하는 현대사회 안에서, 다른 종교를 가진 사람과 대화하는 것은 내 믿음의 약함을 드러내는 것이 아니라, 오히려 올바른 종교적 정체성에 토대를 둔 내 믿음의 강함을 보여주는 것이다.

따라서 한반도의 불자와 그리스도인이 서로에게서 배울 수 있는 축복의 기회를 놓치지 말고, 오히려 열린 마음으로 이를 적극 받아들인다면, 한국 뿐 아니라 삼천 년 기에 들어선 인류사회를 더 아름답고 평화로운 길로 나아가게 하는 데 큰 기여를 할 수 있으리라고 확신한다. 이런 의미에서 '**한국종교간대화학회**'의 창립을 뜻 깊게 생각하며, 앞으로 더욱 활발히 진행될 종교간 대화에 있어서 길잡이가 될 만한 몇 가지 점들을 여기에 제시하고자 한다.

2. 한국 종교간 대화에 있어서 몇 가지 길잡이

가) '모든 종교들이 다 똑 같은가?'에 대한 명확한 대답

종종 사람들이 겉보기에 너그러운 듯이 '모든 종교들은 결국 다 똑같다.'는 식으로 말하는 것을 자주 듣는데, 그런 생각은 올바르지 못하다. 만일 모든 종교들이 다 똑같다면, 실상 '종교간 대화'란 있을 수 없다는 것으로 귀결된다. 여기에서 '똑같다'고 말하는 것은, 너무 쉽게 '너도 좋고, 나도 좋다(I am OK, you are OK).'라고 말하면서, 서로의 차이에 대하여 직면하기를 피하려는 것이다.

그런데 '모든 종교들이 똑같다'는 식의 말을 언어의 영역에서 비유하자면, 이 말은 너무나도 터무니없다는 것을 분명히 알게 된다. 왜냐하면 만일 누군가 '영어와 한국어가 똑같다'고 말한다면, 그것은 말이 안 되는 것이기 때문이다. 궁극적으로 인간의 삶의 의미를 부여하는 종교에 있어서도 마찬가지로, 언어들이 서로 다르듯이 종교들도 서로 다르다. 물론 두 언어가 의사소통을 하는 도구라는 점에서만은 공통점이 있다. 종교들이 똑같다는 식의 생각은 가령 '우리가 산을 올라가다가 결국 맨 마지막에 가서 어떤 산꼭대기에 도달했을 때, 우리가 어느 길로 해서 그 산의 꼭대기에 올라왔는지는 전혀 중요하지 않다.'는 생각에서 비롯되는데, 그것도 역시 틀린 사고방식이다. 에베레스트 산꼭대기에 올라가는 사람들은 우선 자기의 목숨을 내걸고 거기에 올라가야 하고, 또 6만 불 이상의 아주 비싼 경비를 들여야만 갈 수 있지만, 그 산꼭대기에서 10분 이상을 머물 수는 없다. 왜냐하면 좋은 날씨가 갑작스럽게 나쁜 날씨로 변할 수 있기에 되도록 빨리 내려가야 하기 때문이며, 또한 산을 내려가는 것이 올라가는 것보다 더 힘들기 때문이기도 하다. 실제

되도록이면 부정적인 이야기는 더욱 안 하도록 애를 써야 한다. 한번은 어느 비구니 스님에게서 들은 말인데, 그 분은 스무 살에 출가하여 이제 마흔이 되어서야 불교가 자기에게 조금 들어온다고 말씀하시는 것이었다. 그런가 하면 천주교 집안에서 태어났던 어떤 수녀님도 수도생활 20여 년이 지난 지금에서야 비로소, 예수 그리스도님의 가르침의 진수를 삶에서 깨닫게 되었다고 솔직히 말하였다.

그러므로 우리는 자기 종교의 전통을 세월이 가면서 나날이 더욱 깊이 알아가야 하며, 더불어 다른 종교의 전통들도 가능한 범위에서 되도록 깊이 알아야 하겠다. 나아가 나의 종교와 다른 종교에 대한 배움에서 양자 간에 균형을 잘 유지해야 할 것이다. 어떤 사람들은 남의 종교를 깊이 알아가느라고 자기 종교의 공부를 소홀히 하기도 하는데, 그래서는 절대로 안 되겠다. 나의 것을 제대로 모른다면 다른 사람들과도 진정한 만남이 도무지 있을 수 없다. 나의 모국어를 잘 모르면서 외국어를 익힌다는 것이 있을 수 있겠는가? 그러므로 나의 종교에 대한 바른 지식과 깊은 신앙이 있을 때 종교간 대화가 제대로 이루어질 수 있는 법이다.

여기에서 다시금, 위에서 언급했듯이 오래 전에 내가 무당과 박수패들과 어울리던 시절의 경험 한 가지를 예를 들어 말하고자 한다. 어느 날, 무당 여러 명이 나에게 접근하면서, 이구동성으로 나에게 '측은하다'는 소리를 하기 시작했다. 나는 그 때 측은하다는 말의 뜻이 무엇인지도 몰랐었다. 그들이 나를 측은하다고 말했던 이유인즉, 내가 그로부터 보름 후에 죽기로 되어 있었기 때문이고, 그 운명을 막기 위해서는 내가 굿을 크게 해야만 한다는 것이었다. 그러면서 내가 돈이 없어 보이니까 굿치를 값을 싸게 해주겠다고까지 말하는 것이었다. 그리고 내가 죽어야 하는 그 날에는, 집에 머물거나 외출을 하거나 간에 나는 죽을 수밖에 없다는 사실을 그들은 나에게 많이 강조했다. 즉, 무당의 도움이 없이 나의 힘만으로는 보름 후의 내 죽을 운명을 막을 수 없다는 것이었다. 그 당시 친하던 한국 분들에게 그 사건 이야기를 했더니, 그들은 거의 모두 내가 곧 죽을 것이라고 믿기 시작했다. 그래서 나도 차차 그 이야기가 믿어지기 시작했다. 그래서 나는 결국 그 난처한 상황을 벗어나기 위하여 이틀간 기도하고 단식하며 살기로 해야만 했다.

나의 결론은, 내가 만일 무당들의 논리에 이끌려 나갔다면, 즉 나의 정신을 지배하려고 하는 그 무당들의 말에 넘어가게 되었다면, 나는 굿을 했거나 죽었거나 둘 중의 양자택일이었을 것이다. 그러나 나는 기도를 통해 새로운 힘을 얻어서, 결국 이분법적인 흑백논리의 사고방식을 벗어날 수가 있었다. 그리고 나를 지배하려는 그들의 힘에서 벗어날 수 있었다. 그 경험을 통해서 나는 얼마나 믿음이 사람들의 인생을 좌우할 수 있는지를 알게 되었다. 그러므로 우리는 타종교와 대화를 통해서 더욱 더 나의 올바른 믿음을, 즉 생명의 열매를 맺을 수 있는 살아있는 믿음을, 나아가 더 좋은 세상을 만들 수 있는 믿음을 강화시켜 나가야 할 것이라고 본다.

라) 시대와 더불어 해석해야 할 종교의 절대성

우리는 어떤 종교를 알면 알게 될수록 그 종교의 절대성을 체득하게 되지 않는가? 그것은 상당히 좋은 것이지만, 부수적으로 남의 종교들을 무시하거나 과소평가하기 시작할 위험이 없지 않다. 오히려 내 종교의 절대성을 발견하면 할수록, 다른 종교인들도 그들의 종교에 대하여 똑같은 체험을 할 수 있으리라는 사실을 우리는 고려해야 한다. 그런데 실제 생활에서는 대체적으로 그렇지 않다. 대부분의 불자들이 부처님의 불법을 절대적으로 생각하기 때문에, 예수 그리스도를 통한 구원을 주장하는 그리스도인들을 가볍게 여긴다. 회교도들은 마호멧이 받은 알라의 계시를 절대적으로 여기기 때문에, 무력으로라도 세계 전체를 정복해야겠다는 생각을 할 수도 있을 것이다. 마찬가지로 그리스도인들도 복음에서 나오듯이 '예수 그리스도를 통하지 않고서는 하느님께 갈 수 없다'는 말씀 때문에, 다른 종교들의 가치를 인정하는 데 곧잘 어려움을 느낀다.

나는 불교를 연구하면 연구할수록, 그리스도인으로서 나의 신앙이 점점 더 깊어져 가는 것을 확실히 깨닫는다. 이것은 내가 그리스도교의 우월성을 확신하기 때문이라는 것이 아니라, 불교를 연구하면 할수록 내가 불교로부터 상당히 도전을 받고 있기 때문에, 내 스스로 신앙 정리를 할 수밖에 없어서 그렇다. 그러므로 나는 타종교와의 대화에 있어서 아주 실용적으로 생각하기 시작했다. 말하자면, 어느 종교가 최고인지를 추상적으로 결정내릴 필요가 없다는 생각이다. 다만 나에게 있어서 최고의 종교가 무엇인지를 알 뿐, 그 선택을 남에게 강요해서는 절대로 안 된다. 나에게는 그리스도가 최고라고 고백할 수 있기 때문에, 불자에게 있어서 불법이 최고라고 말하는 것을 이해할 수 있다. 마찬가지로 유생이라면 유교가 최고라고 말하는 것도 이해할 수 있을 것이다.

그러므로 우리가 다른 종교에 대해서 부정적인 면을 들어서 말을 하려면, 우선 자기 종교의 약점들도 인정하면서 말해야 할 것이다. 인간은 누구에게나 자기 약점이 있듯이, 나의 종교 안에 있는 문제라면, 남의 종교 안에서도 그 문제가 있을 수 있다는 점을 깨달아야 할 것이다. 현대 사회를 살아가면서 자기의 종교만을 안다는 것은 결국 맹꽁이로 살아갈 수밖에 없는 것이다. 참으로 바르게 깨닫는 사람이라면, 다른 종교의 참 가치도 바르게 깨달을 수 있을 것이다. 그러므로 비록 깨달음이 시공을 초월하는 것이라 해도, 우리가 살고 있는 시대에 맞게 그 깨달음을 해석해야 하는 것이다. 즉, 이 시대에는 타종교와 대화에서 얻어지는 지혜로써 그 깨달음을 해석하는 것이 바람직하다고 본다. 종교의 절대성이란 시대와 더불어 해석될 때 언제나 막힘없는 빛을 발할 수 있을 것이다.

마) 종교적 진리란 사랑을 담고 있는 것

내가 경험했던 다른 예를 들어보자. 한번은 서울시내 전철에서 어떤 목사님을 만나 대화를 하기 시작하였는데, 내가 불교에 관심이 있다고 말을 했더니, 그는 나를 두고 '속에 지렁이가 들어있는 사과로구나!'고 말하였다. 그래서 나는 '그렇다면 목사님은 사랑이 없는 것 같이 보인다.'고 말했더니, 그 분은 자신에게는 사랑보다 진리가 더 중요하다고 말하였다. 그런데 사랑이 담겨있지 않은 진리라면, 그것이 어떻게 진리일 수가 있겠는가? 나는 진리란 사랑을 담고 있는 것이라야 한다고 생각한다. 그리고 그 진리는 어떤 고정체가 아니라, 오히려 우리가 함께 향해 있어야 할 성질의 것, 우리가 함께 이루어 나가야 하는 성질의 것이라고 여긴다.

우리는 진리에 있어서 다 우물 안의 개구리와 같이 자기 식의 선입견을 지니고 있다. 그 선입견을 벗어나기 위해서라도 우리는 다른 우물 안에 사는 개구리들을 만나야 하는 것이다. 그럴 때 우리는 비로소 자신이 어떤 우물 안에서 살고 있었는지를 깨닫게 되며, 나아가 우물 밖에는 바다도 있다는 사실을 알게 될 것이다. 이 점은 내가 실제적으로 한국에 온 뒤 깨닫게 된 경험인데, 나는 이러한 내용을 나의 저서 『석가모니 부처를 만난 예수 그리스도(*Jésus le Christ à la rencontre de Gautama le Bouddha*, Paris, Cerf, 1998)』에서 밝혔다. 프랑스에서 신학을 공부하던 내가 비로소 한국에 와서야 들어보지도 못했던 다른 종교들을 접하게 된 뒤의 경험을, 우물 밖을 나와 처음으로 바다를 보게 된 개구리에 비유하였던 것이다.

그러므로 나는 그리스도인으로서 불교를 가르치고 있으면서, 학생들이 불교를 깊이 이해하고 사랑하게끔 아낌없는 노력을 다 기울이고 있다. 나는 결코 학생들이 불교에 대하여 부정적으로 여기도록 가르친 적이 없다. 오히려 내가 몇몇 언론사와 회견하면서 '불교와 그리스도교의 만남이 축복'이라는 주장을 피력할 때마다, 서강대학교로 반박의 편지를 보내오는 사람들이 있다. 어떻게 가톨릭 사제로서 불교를 가르칠 수 있겠느냐는 것이다. 그러나 나는 여전히 불교와 그리스도교의 만남은 참으로 풍요로운 축복이라고 확신한다. 그리고 불교와 그리스도교는 어디에 초점을 맞추어 보느냐에 따라서, 상당한 대립 관계를 이룰 수 있듯이 많은 유사점들도 찾을 수 있는 것이 사실이다. 그러므로 유사성에만 혹은 차이점에만 초점을 맞추려는 양극단에서 중용을 취하는 것이 참으로 슬기롭다.

3. 나가는 말 : 미래 전망

결론적으로 불자와 그리스도인의 대화에서 내가 구체적으로 기대하는 것은 무엇인가? 그것은 종교 간에 진정으로 서로를 이해하는 것이다! 종교간 대화는 이론도 아니고, 취미도 아니다. 각자가 헌신적으로, 즉 자기의 목숨을 걸고 해야 하는 것이다. 그러기에 이 대화는 적절한 합의나 체면상의 친절함으로 서로 간의 의견을 대강 수렴하는 그런 일치가 아니다. 또 이 대화는 막연히 '어떤 차이들을 넘은 그 어디인가'에 자리잡고 있을 법한 어떤 거짓 봉우리 위에서 천진난만한 놀이를 하려는 그런 유희적 만남은 더욱 아니다. 또한 이 편에서든 저 편에서든 어디에서든지 그리고 언제든지 가능한 그런 전략적 대화는 더더욱 아니다.

나는 이제껏 그 어느 불자도 그리스도교로 개종시키려 결코 애쓰지 않았다. 반대로, 불교의 전통에 대한 내 관심의 심층에서도, 나는 내 존재의 근거를 이루는 신앙의 내용을 절대로 숨기지 않는다. 달리 말하여, 예수 사건이 나에게 의미하는 것을 가능한 가장 구체적으로 이해하는 대화의 상대자를 나는 끊임없이 기다리고 있다. 이는 마치 내가 부처님이 제시한 길의 의미를 나의 전 존재로 파악하고자 끊임없이 애쓰는 것과 똑같다. 내가 진리 안에서 타인을 만날 수 있는 것은 서로의 차이들을 거부하거나 줄여서 되는 것이 아니다. 오히려 반대로, 그 차이들을 각각 별도의 것으로 인정하면서 이루어지는 것이다. 이와 마찬가지로 인류와 우주에 대한 인간의 참다운 개방은 오직 이 지구상에 있는 우리 존재들의 독특성과 유한성을 수용하며 존중할 때만이 가능하다.

이런 식의 대화를 나는 궁극적으로 '부르심'이라고 생각한다. 온 몸과 온 정신을 기울여, 온 목숨을 내걸고 하는 것이다. 비록 이 대화의 길에서, 우리가 위기에 빠지게 되거나, 어떤 의심을 품게 되어 혼란을 겪게 되거나, 도무지 갈피를 못 잡게 될 때가 올지라도, 이 대화가 나에게는 하나의 사명이자 진정한 생의 의미이다. 지금 우리가 머물고 있는 이 한국 땅에서 내가 가장 좋다고 여기는 것은, 불자와 그리스도인 사이에 아직은 영향력 있는 대화가 부족하지만, 열반에 드신 부처님과 십자가에 죽고 부활하신 그리스도님으로 인해 발생하는 일들이 서로 마주쳐 이미 실제적으로 좋은 결과들을 낳고 있다는 현실이다. 오늘 이 자리가 그런 현실을 반영하는 직접적인 자리가 될 것임을 믿고 희망한다. 그리하여 내가 늘 소망하던 대로, '불자와 그리스도인이 다 함께 누릴 수 있는 영생'이 지금 이 자리에서 시작되기를 바란다.

파나(fana)와 공: 이슬람과 불교의 만남의 가능성에 관하여

- 원효의 『대승기신론소』를 중심으로 -

류 제 동

서강대학교 종교학과

목 차

불교와 이슬람이 한국에서 평화롭게 공존해야 한다는 것은 받아들여야 하는 사실이다. 한국의 역사 자체가 그 초기부터 불교를 제외하고는 거론할 수가 없거니와, 오늘날에도 불교는 명시적으로는 한국인들의 4분의 1에 이르는 구성원들이 속해 있는 종교이고, 현대 한국의 언어, 문화, 예술 등 온갖 방면에 깊은 영향을 미치고 있다. 이슬람 또한 세계종교로서 아직은 한국내의 신자 수가 많은 편은 아니지만, 타국 노동자들의 유입과 함께 그 수가 급격히 늘어나고 있는 형편이다. 서로에 대해서 이해하고 배우지 않으면 안 되는 상황에 있는 것이다.

그러나 그러한 상황적 요구와는 달리, 한국 내에서 무슬림과 불자의 대화는 아직 요원한 단계에 있다. 이는 비단 한국 내에서만의 상황은 아니다. 세계적으로도 그리스도교와 이슬람의 대화 혹은 그리스도교와 불자의 대화 내지 상호 이해는 그래도 다소의 진척이 있는 반면에 불교와 이슬람의 대화는 요원한 편이다.

인도에서 불교가 소멸하게 된 배경 가운데 하나로 이슬람 세력의 인도 침입을 거론하는 학자들도 더러 있거니와, 몇 년 전에 있었던 아프가니스탄 탈레반 정권에 의한 바미얀 석불 파괴 사건은 불자들을 경악하게 만들었다.

이러한 서로 간의 충돌과 몰이해에는 불교에 있어서 우선 겉으로 보이는 측면에 있어서 오해를 낳을 가능성이 있다는 데에 있다. 이슬람은 우상 숭배를 철저히 금지하고, 독신생활을 반대하며 결혼을 신성한 것으로 여기는 데 반하여, 불교는 독신 수도자들이 지도적 엘리트층을 형성하고 있으며 불교의 건물들은 불상과 보살상을 비롯해서 온갖 상들이 안치되어 있는 것이다. 이러한 형식적인 면에 더하여, 교리상에 있어서도 이슬람에서는 유일신에 대한 숭배를 철저하게 강조하는 데 반하여, 불교에서는 무신론 내지는 다신론을 가르치는 것으로 보이는 측면이 문제를 더 복잡하게 만든다.

그러한 가운데에서도 두 종교의 사상사를 조망하면서 일치점 내지 유사점을 찾아나가는 방향으로 탐색해가다보면, 우리의 눈에 우선적으로 띄는 것은 수피즘이라고 하는 이슬람 신비주의와 불교의 공사상 간의 유사성이다. 수피즘에서 언급되는 파나(fana)에서의 세상적 자아의 소멸이나 불교의 공사상에서 이야기하는 무아(無我)는 매우 유사한 면모를 보이는 것이다.

물론 여기에서도 겉으로 보기에는 만나기 어려운 점이 있다고 할 수밖에 없다. 수피즘은 근본적으로 유일신 하느님을 만나고자 하는 추구를 중심으로 이루어지는 신비주의이며, 불교의 공사상은 모든 것을 부정해버리는 차원에 서 있다고 일컬어지기 때문이다. 불교의 공사상은 심지어 공사상 그 자체마저 부정해야 한다고까지 이야기한다. 불교 자체의 사상가들이 그러한 공사상의 철저한 부정의 정신을 이야기하면서 그러한 정신이 없는 유신론적 전통들과는 근본적으로 일치하기 어려운 점이 있다는 것을 이야기하고 있기도 하다.

그러나 불교는 수 천 년의 역사를 경과하면서 끊임없는 재해석과 함께 다양한 사상과 실천의 양태를 보여 왔으며 오늘날에도 계속해서 사상의 새로운 발전의 면모를 보여주고 있다. 특히 한국 불교사에 있어서 원효는 당시 불교의 가장 중요한 논서로 꼽히는 『대승기신론』에 대한 주석을 통하여, 그렇게 일방적으로 부정적이기만 한 공사상을 펼치기보다는 그러한 부정의 요소와 함께 새로운 차원에서 열리는 긍정의 세계를 그의 일심(一心) 사상을 중심으로 적극적으로 이야기하고 있다. 이러한 원효의 가르침은 이슬람 수피즘에서 파나(fana)를 이야기함과 동시에 하느님 안에서의 머무름으로써 바카(baqa)를 이야기하는 것과 매우 유사한 측면을 보여주고 있다. 원효가 대승기신론에서 강조하는 일심(一心)은 이슬람의 수피즘에서의 하느님 개념에 놀라울 정도로 유사한 측면을 보여주고 있는 것이다. 이러한 원효의 가르침은 한국에 있어서 이슬람과 불교의 만남의 가능성을 밝게 해준다고 하겠다. 여기에서는 이러한 유사점에 착안하여 이슬람 수피즘의 대표적 신비 사상가 이븐 아라비와 원효의 사상적 비교를 시도해보고자 한다.

1. 이븐 아라비의 파나(fana)와 바카(baqa)

이슬람에서 파나 개념을 가장 현저하게 발전시킨 사람은 이슬람 수피즘의 대표적 사상가 가운데 한 명으로서 가장 중요한 이슬람 신비 사상가로도 일컬어지는 이븐 아라비(Ibn Arabi, 1165-1240)이다. 일본의 저명한 이슬람 연구자 이즈츠 토시히코(井筒俊彦 Izutsu Toshihiko, 1914-1993)는 그의 파나 사상을 고찰함에 있어서 인간 의식의 주객 대립 문제를 우선적으로 거론한다.

> 이븐 아라비에 의하면, 보통 사람은 그 의식의 원초적 주객(主客) 대립 때문에 실재 그 자체를 볼 수 없고 다양하게 분절된 그 형태들만을 보게 된다. 객관에 대립되어 있는 주관 곧 보통 사람의 자아(ego)는 그 속성상 경험의 세계에서 다양한 사물의 집합을 인식하는 데 있어서 그저 다수의 인식적 객체로만 볼 수 있을 따름이다. 그러므로 그가 이러한 존재론적 다수성의 차원을 넘어서고자 한다면 그는 무엇보다도 자기 자신의 자아의식을 무화시켜야 한다. 이러한 목적하에 수행되는 영적 수련의 힘겨운 과정에서 그는 마침내 파나라는 전문적 술어로 지칭되는 경험을 하게 된다. 파나는 문자적으로는 '사라짐'을 의미하며, 여기에서 전문적으로는 자아의 소멸 혹은 전적인 자기 무화(self-nullification)를 의미한다.(井筒俊彦, p.555)

곧 이븐 아라비의 사상에서 파나가 거론되는 것은 보통 사람들의 의식에서 자아(ego)가 있는 그대로의 실재를 보지 못하고 왜곡시킨다는 문제에서 시작되는 것이다. 특히 그 인식에 있어서 세상을 분절적으로 보는 것의 문제가 지적되고 있음을 우리는 주목할 필요가 있다. 세상을 서로 분리되어 있는 다수의 객체가 모여 있는 것으로 보는 관점이 문제되고 있는 것이다. 이는 불교에서 별도의 내가 존재한다는 아집(我執)이나 사물들의 세계에서 온갖 사물들의 근본적인 구성요소가 실체적으로 존재한다는 법집(法執)에 해당되는 차원에서의 문제라고 할 수 있을 것이다. 그러한 분절적 의식에서는 참다운 실재를 인식하지 못하게 되고 괴로움을 겪을 수밖에 없는 것이다. 이러한 맥락에서 이즈츠 토시히코의 다음과 같은 설명은 더욱 의미를 갖게 된다.

> 자아의식의 소멸은 자연스럽게 존재하는 세계 전체의 사라짐을 의미한다. 왜냐하면 인식 주체가 없다면 인식 객체도 있을 수 없기 때문이다. 그리고 이처럼 인간 의식의 주객 분립을 넘어서서 드러나는 절대적인 영역은 그 형이상학적 무정형의 차원에서 현상(phenomena) 이전의 실재라고 인식된다. 이븐 아라비는 그 영역을 아하드(Ahad) 곧 절대적인 하나(the absolute One)라고 부른다.(井筒俊彦, p.555)

우리의 분절적 의식을 넘어선 세계는 절대적 차원에서 하나의 세계인 것이다. 이러한 세계에서 우리가 일상적으로 대하는 다양한 차별의 세계는 더 이상 존재하지 않는 것이다. 보통 사람들이 왜곡된 자아에 대하여 왜곡된 객체가 비추어지는 현상(現像)의 세계를 대하며 살고 있다면, 신비적 직관의 세계를 깨닫는 사람은 그러한 왜곡을 초월하여 모든 분별을 넘어서는 것이다. 그러나 우리가 여기에서 하나라고 하는 것은 분절적 대립을 초월한 차원이라는 맥락에서 붙여진 하나의 이름이라는 것을 망각하면 문제가 될 것이다. 마치 여러 개의 사물 가운데 하나의 사물과 같은 형태로 이 우주가 존재한다고 생각하면 곤란한 것이다. 우리의 개념적 분별을 초월한다는 맥락에서 하나인 것이지, 하나 그 자체가 어떤 실체적 대상을 지칭하는 개념이라고 생각하면 곤란한 것이다.

이즈츠 도시히코는 이븐 아라비의 사상에서 이러한 절대적 하나의 차원에 대하여 이야기함에 있어서 심지어 알라 하느님 그 자체의 분절적 대상화마저 극복되고 있음을 다음과 같이 언급한다.

> 이 "절대적 하나"는 모든 사물들에 대하여 전적이고 무조건적으로 부정하는 것이기에 여기에는 그 어떠한 예외도 있을 수 없다. 이것은 구체적인 형태가 드러나기 이전의 절대적인 미현현(未顯現)이고 온갖 고정된 모습들이 나타나기 이전의 무정형(無定形)이며, 다양한 실체들이 분절되어 나타나기 이전의 무분절(無分節)이다. 여기에서는 알라 하느님 조차도 정형화된 형태의 하나에 불과한 것으로서 초극되어야 한다고 하는 것이 드러난다.(井筒俊彦, p.555)

모든 분별이 사라진 경지에서는 하느님을 대상화하여 인식하는 차원은 극복될 수밖에 없는 것이다. 이러한 의미에서는 이븐 아라비의 유신론을 무신론적 유신론이라고 불러도 무방할 것이다. 그에게 있어서 신은 우리의 분절적 인식에서 대상적 객체로 더 이상 존재하지 않는 것이다. 우리의 왜곡된 인식이 신을 대상화시켜서 인식하게 하는 것일 뿐인 것이다.

그러나 이븐 아라비가 이러한 초월적 무분별의 경지만을 이야기하는 것은 아니다. 실재의 세계에는 이러한 무분별의 경지와 더불어 새로운 차원에서 다시 긍정되는 다자(多者)의 세계가 열리는 것이다. 일자(一者)와 다자(多者)의 관계는 단순하게 어느 하나가 다른 하나를 부정하고 배제하는 관계가 아니라 중층적으로 서로를 포용하는 관계로 새롭게 인식되는 것이다. 그러한 경지가 곧 하느님 안에서의 현존을 이야기하는 바카(baqa)의 경지이다. 이 바카의 차원에서 참된 신비가로서의 수피(Sufi)는 '두 개의 눈을 지닌 사람'(dhu al-'aynayn, possessor of two eyes)으로 이야기된다. 그는 차별적 세계만을 바라보거나 하나의 세계만을 바라보는 것이 아니라, 제3의 차원에서, 곧 일(一)과 다(多)의 대극적 합일(對極的 合一, coincidentia oppositorum)에서 이 세계를 바라보게 되는 것이다. 이즈츠 토시히코는 다음과 같이 그 경지를 설명한다.

> 곧, 이븐 아라비가 애용하는 비유를 들어서 말한다면, '두 개의 눈을 지닌 사람'은 거울과 거기에 비추어지는 이미지들을 동시에 볼 수 있어서, 하느님과 피조물이 거울과 이미지의 역할을 번갈아가면서 맡는 것을 볼 수 있게 된다. 그는 현상계에서 다채로운 다자성을 인식하지만, 보통 사람들과 달리, 동시에 궁극적인 무분절의 차원에서 실재의 순수한 하나됨을 자유롭게 볼 수 있다. 또한 현상 이전의 하나를 본다고 하더라도 현상적 다

> 자성의 드러남을 인식하지 못하는 것이 아니다. 역으로, 그 양자는 실재의 완벽한 구조를 드러내는 데 있어서 상호 보완적인 것이다. 다시 말해서, 이 둘은 실재의 본질적인 양 차원으로서, 하나됨은 형이상학적 수렴(ijmal, contraction)의 차원을 나타내고, 다자성은 그 확산(tafsil, expansion)의 차원을 나타내는 것이다. 우리가 형이상학적이고 존재론적인 인식의 단일한 행위 가운데에서 하나됨과 다자성을 이렇게 파악하지 못한다면, 우리는 있는 그대로의 실재에 대하여 온전한 통찰을 하지 못하게 된다. (井筒俊彦, p.555)

이러한 이븐 아라비의 관점은 우리나라의 성철스님에 의하여 유명해진 말 “산은 산이요 물은 물이로다”에서 불교의 관점과 용이하게 비견될 수 있다. 보통 사람들은 산과 물을 별도의 실체로 단순하게 바라볼 따름인 데 비하여, 한 단계 영적인 진전을 이루게 되면 산과 물이 별도의 객체가 아니라는 것을 알게 되어 “산은 산이 아니요, 물은 물이 아니로다”라는 인식에 도달하게 되고, 다시 한 단계 더 진전하게 되면 “산은 산이요, 물은 물이로다”를 이야기하게 되는 것이다. 이 마지막 단계에서의 “산은 산이요, 물은 물이로다”는 보통 사람들의 인식 차원과 표현은 같지만 내면적 차원에서는 전혀 다른 것이다. 이븐 아라비에게서 이러한 차원이 바카의 차원인 것이다. 산에서 물을 볼 수 있고 물에서 산을 볼 수 있는 경지가 이슬람에서는 하느님 안에서 만물을 볼 수 있고 만물 안에서 하느님을 볼 수 있는 경지인 것이다.

2. 원효에서의 공(空)과 일심(一心)

붓다의 입멸 후 불교 공동체는 붓다의 가르침에 대한 이해를 둘러싸고 다양한 견해를 발전시키면서 여러 부파로 나뉘게 된다. 특히 무아(無我)와 열반에 관한 이해의 난해함은 이러한 과정을 촉진하게 된다. 그들은 붓다의 가르침에 매력을 느끼면서도 이러한 개념들을 보다 명료화해야 한다는 부담 속에서 사유를 전개하게 되었다고 할 수 있다. 그러는 과정에서 독자부(犢子部) 같은 경우에는 푸드갈라(pudgala)라고 하여 윤회의 주체로서 상당한 정도의 실체성을 갖는 존재를 상정하게 되기도 한다. 그리고 설일체유부(說一切有部)는 "삼세실유 법체항유"(三世實有 法體恒有), 곧 과거와 현재와 미래에 걸쳐서 궁극적인 요소로서의 법의 실체는 항구하게 존속한다는 입장을 설파하기에 이른다. 이러한 실체적 사유의 전개에 위협을 느낀 사람들이 기원 전후에 전개하게 되는 것이 반야사상이요, 기원후 2세기 경 그 반야(般若)사상의 정점에서 이루어지는 것이 공(空)사상이다. 이러한 과정에서 볼 때, 불교사상사는 실체화 경향과 해체적 경향의 변증법적 과정을 통해서 발전해왔다고 할 수도 있다.

제 2의 붓다라고도 일컬어지는 대승불교의 위대한 사상가 나가르주나(Nagarjuna 龍樹, 기원후 2-3세기경 활약)의 저작『중론(中論)』이 대승불교사상사의 가장 중요한 저작 가운데 하나로 꼽히는 것도 이 책이 대승불교의 공사상의 발전에 있어서 분수령을 이루는 저작이기 때문이다.

이 저작에서 핵심적으로 밝히고 있는 바는, 진제(眞諦) 곧 참다운 초월적 진리의 차원에서 참다운 실재는 공(空) 곧 비어서 자성(自性) 곧 불변하는 실체성이 없지만, 속제(俗諦) 곧 속된 경험 세계의 차원에서는 우리의 일상적 분별의 차별적 세계가 상대적으로 인정되며, 이러한 진제와 속제가 서로 동떨어진 두 개의 개별적인 진리가 아니라는 것이다. 이러한 이제설(二諦說)에서 우리는 나가르주나의 사상이, 여러 세기의 시간적 차이와 지역의 차이를 넘어서, 앞서 우리가 살펴본 이븐 아라비의 신비사상과 매우 닮아 있음을 어렵지 않게 볼 수 있다.

여기에서 공의 진리를 잘못 깨달아 모든 것이 무차별적이라고 보고 함부로 악업을 짓는다거나, 세상의 악에 대하여 구체적으로 극복할 생각은 하지 않고 우리의 주관적 태도만을 바꾸면 그 모든 악이 다 선으로 보이게 된다거나, 선과 악은 다 상대적인 것으로 보아 넘어서야 한다고 주장하는 것은 모두 악평등(惡平等)에 떨어지는 것이며, 나가르주나에 의하면 공병(空病)에 걸린 것으로 다른 어떤 병보다 치유하기가 어렵다. 곧, 공은 바르게 이해하면 온갖 병을 치유하는 만병통치약이 되기도 하지만, 잘못 이해하면 가장 지독한 병에 걸리게 된다는 것이다.

유식(唯識) 사상은 이러한 공 사상을 우리의 인식 과정을 중심으로 구체화시킴으로써 발전된 사상이라고 할 수 있다. 히라카와 아키라는 다음과 같이 이야기한다.

> 유식의 '유(唯, mātra)'란 범부가 실재라고 생각하고 있는 '인식의 대상'을 부정하는 것으로, '오직 식(識)뿐'이라는 의미이다. 외계의 대상이라고 생각하고 있는 것이, 실제로는 식(識, 心)에 불과하다고 깨닫는 것이 유식이다. 따라서 유식에는 식만이 실재한다는 의미가 있다. 그러나 인식의 대상이 없다면, 인식주관도 있을 리가 없는 것이다. 범부로서는 인식의 대상이 있기 때문에 그에 대응하는 인식주관이 있다. 그러나 그 인식의 대상은 허망한 것(遍計所執性)이다. 그런데 대상의 허망성이 알려진다는 것은 그에 대응하는 주관(자아에 대한 집착)도 소멸함을 뜻한다. 대상의 허망성의 해소는 동시에 주관(아집)의 허망성의 해소이기 때문이다. 따라서 유식에는 첫째로, '경(境, 대상)의 무(無)와 식(識)의 유(有)'라는 의미가 있으며, 둘째로는 경(境)이 없으면, 그에 대응하는 식(識)도 없어지는 '경식구민(境識俱泯)이란 의미가 있다. 즉 유식을 실현하고 있는 불타의 인식계는 경식구민의 세계이다. 따라서 불타의 인식계는 범부의 인식계와 질적으로 다르다. 즉 범부가 불타가 되기 위해서는 식의 질적 전환이 필요하다. 이것을 전의(轉依 āśraya-parāvṛtti, 所依의 轉)라고 한다. 전의는 아집(我執, 自我·內界에 대한 집착)이나 법

> 집(法執, 사물·외계에 대한 집착)을 멸하고, 번뇌를 끊음으로써 실현된다.(이호근 역, pp.106-107)

곧 유식 사상은 공(空) 사상을 우리의 인식과정에 적용하여 구체화시킴으로써 우리의 인식과정에서의 잘못된 분별을 타파함으로써 번뇌의 세계에 속박되는 것을 벗어나고자 하는 사상인 것이다. 히라카와 아키라는 불타의 인식계 곧 경식구민(境識俱泯)의 인식계에 관하여 또한 다음과 같이 적극적으로 이야기 한다.

> (…) '식(識)의 유(有)'라는 식의 상태는 두 가지로 구별된다. 하나는 범부의 식의 상태이고, 다른 하나는 불타의 식의 상태이다. 양자는 모두 '유(有)'이지만, 유의 성격이 다르다. 범부의 식은 유이면서도 부정되어야 할 것으로서, 무를 내포하고 있는 유이다. 이에 비해 불타의 식은, 그러한 부정을 내포하고 있지 않는 유이다. 그것은 영원한 실재(眞如, tathatā)가 자각되고 실현되어 있는 유이다.(이호근 역, p.107)

곧 공 사상은 물론이거니와 유식사상도 문자 그대로 회신멸지(灰身滅智)를 통하여 영원한 죽음을 꿈꾸는 염세주의적 사상은 아닌 것이다. 우리의 잘못된 인식을 통하여 대상을 잘못되게 분별하며 그러한 분별을 따라 자아에 대한 잘못된 집착을 일으키는 것을 반성하는 데에 유식사상의 요점이 있는 것이다. 적극적으로 말하자면 잘못된 분별이 없는 불타의 인식에 도달하여 영원한 초월적 실재로서의 진여를 자각하고 실현하고자 하는 것이 유식사상인 것이다.

유식 사상은 범부의 식과 불타의 식 사이에 연속과 단절을 어떻게 해결하느냐에 있어서 상당한 어려움을 겪는다. 히라카와 아키라는 다음과 같이 이야기한다.

> 그러나 범부의 식(妄識)과 불타의 식(無垢識)은 전의를 매개로 하지만, 똑같은 '식'이다. 바로 이 점에 미망에서 깨달음으로의 연속과 단절이라는 문제가 내포되어 있다.(이호근 역, p.107)

이러한 어려움을 해결하고자 하는 가운데 유식사상은 다양하게 전개되어가며, 대승기신론은 이러한 유식 사상과 여래장사상이 만남으로써 새로운 돌파구를 마련하게 되는 과정에서 성립되는 것이다.

여래장 사상은 공 사상이나 유식 사상처럼 독립된 학파로는 발전되지 않으나 초기 불교부터 연원하며 대승불교의 성립과 더불어 부각되는 심성본정설(心性本淨說)의 갈래를 따라 발전해온다. 카츠마타 슌쿄(勝又俊教)는 대승경전에서 핵심적인 사상의 하나로서 심성본정설(心性本淨說)이 대두하는 것에 대하여 주목하면서 다음과 같이 이야기한다.

> 대승불교에 있어서 심성본정설은 초기, 중기 및 후기의 경론에 자주 설해지는데, 그것이 심성본정객진번뇌(心性本淨客塵煩惱)의 형태 그대로 설해지는 경우도 있지만 그 밖에 여래장, 불성, 보리심, 심진여(心眞如), 법성심(法性心), 공성(空性), 정식(淨識), 아마라식(阿摩羅識), 원성실성(圓成實性), 심체(心體) 등의 사상으로 치환되어 고찰되고 있는 경우도 있다. 달리 말하자면, 심성본정설은 대승불교에 있어서는 단순히 심의 본성이 청정한가 오염되어 있는가 하는 심리철학적인 문제가 아니라, 성불(成佛)의 가능성과 깨달음의 마음과 불타의 정신적 특질 등에 관한 제 문제의 해명에 있어서 사상적 근거로 되는 것이다.(勝又俊教, p.485)

카츠마타 슌쿄는 심성(心性)의 본정(本淨)을 인간 구원의 초월적 기반으로 주목하고 있는 것이다. 심성의 본정은 단순히 심리적인 사실로 머무는 것이 아니라 대승의 주요 사상의 핵심적 기반이 되고 있는 것이다. 인간이 생사유전의 세계를 초월할 수 있는 것은 심성이 본래 청정하다는 초월적 사실에 기반하는 것이다.

이러한 심성본정설에서 연원하는 여래장 사상은 범부에게도 여래장이 있어서 고(苦)를 싫어하고 열반을 희구할 수 있다고 하여 모든 중생의 성불 가능성을 주장하는 기반이 되기도 하지만 불교의 전통적인 무아설(無我說)과 관련하여 상당한 문제점을 안게 된다. 히라카와 아키라는 다음과 같이 이야기한다.

> 여래장은 존재론적으로는 아트만과 구별하기가 어렵다. 그러나 인식론적·실천적으로는 그것에 사로잡히지 않는 것이 불교의 공의 입장이다. 안이하게 여래장을 '유(有)'로 상정한다면 그것은 여래장을 잘못 주장하는 셈이 될 것이다. 여래장은 6식으로는 알 수 없기 때문에, 그 6식 중에서 그 존재성을 주장하는 것은 잘못이다. 그래서 『승만경』에서는 공(空)에 주(住)하여 붓다의 말씀을 신봉하는 것이 강조되고 있는 것이다. 따라서 아트만과 여래장의 차이는 아트만이 존재론적으로 설해지고 있는데 비해, 여래장은 실천적인 입장에서 주장되고 있다는 점이라고 하겠다. 그러나 다음 시대에는 여래장과 아(我)의 관계로부터 윤회의 주체로서의 알라야식과 여래장의 관계가 새로운 문제거리로 대두되게 되었다.(이호근 역, p.150)

여기에서 히라카와 아키라의 아트만에 대한 입장이나 불교에서의 아트만에 대한 비판은 힌두교 자체의 아트만 개념을 정확하게 이해하고 있느냐는 다소 유보할 필요가 있을 수 있으나, 불교의 여래장 개념의 실천적 차원을 강조하고 있는 점에 주목하면서 이해할 수 있을 것이다. 곧 여래장은 생사의 속박으로부터 벗어나게 하는 기반이 되는 초월적 실재로서 이해되어야 하는 것이다.

그 초월성이 생사윤회와 관련하여 어떠한 성격을 지니느냐 하는 문제를 본격적으로 다루는 것이 대승기신론(大乘起信論)이다. 요컨대 대승기신론은 공과 유식과 여래장이라고 하는 대승불교의 세 갈래 사상을 소화하면서 성립하는 것이다. 곧 공(空) 사상에서 공(空)의 초월에 편향되는 면을 불공(不空)의 개념을 통해 보완하며, 유식(唯識) 사상에서 아뢰야식(阿賴耶識)이 허망한 망식(妄識)이라는 주장으로 기우는 것을 생멸을 초월하는 여래장(如來藏)과 화합한 식(識)으로서의 아뢰야식을 내세움으로써 진여응연(眞如凝然) 곧 진여가 생사의 세계와 격절되어 초연하게 존재한다는 고립적 입장을 벗어나서 진여수연(眞如隨緣) 곧 진여가 생사의 세계 안에서 역동적으로 작용하고 있다는 참여적 입장을 내세우면서 일체 중생의 성불 가능성을 적극적으로 개진하게 되는 것이다.

이러한 대승기신론의 사상은 이븐 아라비의 파나와 바카를 중심으로 하는 사상과 놀랄 정도로 유사한 면모를 보인다. 이븐 아라비가 파나를 통해 모든 분별적 인식을 벗어나 초월적 통찰에 이르는 길을 가르치면서도, 바카를 통해서 만물 안에 현존하는 하느님을 이야기하듯이, 대승기신론에서는 모든 분별적 집착을 초월하는 깨달음의 길을 안내하면서 그 모든 분별과정에 현존하는 절대적 하나로서의 궁극적 실재 곧 진여로서의 일심(一心)에 대하여 이야기하는 것이다.

원효는 대승기신론에 대한 주석에서 우선 공(空)의 의미를 단순히 알아듣는 것을 경계하여 다음과 같이 그 의미를 깊게 알아들을 것을 촉구한다.

> 공(空)의 뜻에 의하여서도 유(有)를 지을 수 있는 것이다. 왜인가? 만일 공이 반드시 공일 뿐이라면 당연히 유를 지을 수 없지만, 이 공도 또한 공이므로 유를 지을 수 있는 것이다.(而約空義亦得作有. 何者. 若空定是空, 應不能作有. 而是空亦空, 故得作有. 은정희 역주, pp.96-97)

곧 원효는 우선 공을 단순히 공하다고, 다시 말해서 공허하다고 이해해서는 안 된다는 것을 명시하고 있다. 공은 초월적 실재의 초월성을 나타내는 것이며 그 초월성이란 또한 우리가 '초월'이라는 언어로 가둘 수 있는 단순한 초월성이 아닌 것이다. 원효는 공의 이러한 공함에 대하여 진여문과 생멸문의 양 차원에서 다음과 같이 이야기한다.

> 그러나 이 공(空)이 공(空)하다는 것에도 두 가지 뜻이 있다. 첫째는 법성(法性)의 공함이 있으니, 이 공도 또한 공하여 유(有)와 공(空) 모두 (그 실체를) 얻을 수 없다. 이와 같이 공이 공한 것은 진여문에 있으니, 이는 『대품경(大品經)』에서 '일체법이 공하고 이 공한 것도 또한 공하므로 이를 공공(空空)이라 이름한다'고 말한 것과 같다. 둘째는 마치 유(有)가 유(有)의 자성(自性)이 없기 때문에 공(空)이 될 수 있는 것과 같으니, 이를 이름하여 공이라 하는 것이며, 이러한 공은 공성(空性)이 없기 때문에 유를 지을 수 있으니 이를 공공(空空)이라 이름하는 것이요, 이러한 공공은 생멸문에 있다. 이는 열반경에서 '유(有)와 무(無)를 공공이라 이름하고, 시(是)와 비(非)를 공공이라 이름하니, 이러

> 한 공공은 십주보살(十住菩薩)도 털끝 정도의 조금밖에 얻지 못하는데 하물며 다른 사람이겠는가?'라고 말한 것과 같다.(然此空空亦有二義. 一者, 有法性空, 是空亦空. 有之與空, 皆不可得. 如是空空, 有眞如門. 如大品經云, 一切法空, 此空亦空, 是名空空. 二者猶如有無有性, 故得爲空, 是名曰空. 如是空無空性, 故得作有, 是名空空. 如是空空, 在生滅門. 如涅槃經云, 是有是無, 是名空空. 是是是非, 是名空空. 如是空空. 十住菩薩尙得少分如毫釐許. 何況餘人. 은정희 역주, pp.96-97)

곧 원효는 진여문에서의 절대적 초월로서의 공을 이야기함과 동시에 생멸문에서의 상대적 초월로서의 공을 이야기하고 있다. 이는 이븐 아라비가 하나됨과 다자성의 대극적 합일(對極的 合一, coincidentia oppositorum)을 이야기하는 것과 극히 유사하다. 다시 말해서, 진여문에서의 공이 실체를 얻을 수 없다는 차원에서 절대적 공이라면 생멸문에서의 공은 공성(空性)을 고정된 성(性)으로 갖고 있지 않아 유(有)를 지을 수 있는 상대적 공이라고 할 수 있다. 그러나 이러한 의미도 우리가 아주 조금이나마 이해하기를 기대할 수 있는 매우 심오한 차원에서 이해해야 한다는 것을 원효는 십주보살(十住菩薩)에 빗대어 이야기하고 있다. 곧 십주보살(十住菩薩)은 보살이 수행하는 52 계위(階位) 가운데 제11위에서 20위까지의 보살로서 마음이 진제(眞諦)의 이치에 안주(安住)하는 위치에 이르렀다고 하여 주(住)의 명칭으로 불리는 보살이다. 원효는 이러한 높은 수준에 이르는 보살도 공(空)의 의미를 아주 조금밖에 이해하지 못한다고 하고 있는 것이다. 다시 말해서 원효는 공의 심오한 의미에 대하여 겸손해질 것을 요구하고 있는 것이다. 원효의 공에 대한 이러한 초월적 이해는 또한 진여문과 생멸문 양 차원에서 일심을 이해함에 있어서 모두 그 초월성을 심층적으로 이해해야 한다는 것을 촉구하는 것이기도 하다.

대승기신론에서는 이러한 진여를 언설에 의하여 분별함에 있어서 여실공(如實空)과 여실불공(如實不空)의 두 개념으로 풀이하고 있다. 이 두 개념은 진여의 초월적 성격에 대해서 우리가 어떻게 이해해야 하는가에 대한 풀이를 함에 있어서 어느 한쪽의 극단에 빠지는 것을 경계하면서 올바로 이해하는 길을 제시한다. 우선 기신론에서는 공(空)에 대하여 다음과 같이 이야기하고 있다.

> 공(空)이라고 말하는 것은 본래부터 일체의 염법(染法)과 상응하지 않기 때문이니, 이는 일체법의 차별되는 모양을 여읨을 말하는 것이다. 왜냐하면 허망(虛妄)한 심념(心念)이 없기 때문이다. 그러므로 진여의 자성(自性)은 모양이 있는 것도 아니요 모양이 없는 것도 아니며, 모양이 있지 않은 것도 아니요 모양이 없지 않은 것도 아니며, 유(有)·무(無)를 함께 갖춘 모양도 아닌 것을 알아야 하며, 또한 같은 모양도 아니요 다른 모양도

> 아니며, 같은 모양이 아닌 것도 아니요 다른 모양이 아닌 것도 아니며, 같고 다른 모양을 함께 갖춘 것도 아닌 것을 알아야 한다. 이리하여 전체적으로 말하자면 일체의 중생이 망심(妄心)이 있음으로 해서 생각할 때마다 분별하여 다 진여와 상응하지 않기 때문에 공(空)이라 말하지만, 만약 망심을 떠나면 실로 공이라 할 까닭도 없는 것이다.(所言空者所言空者, 從本已來, 一切染法不相應故. 謂離一切法差別之相, 以無虛妄心念故. 當知眞如自性, 非有相, 非無相, 非非有相, 非非無相, 非有無俱相, 非一相, 非異相, 非非一相, 非非異相, 非一異俱相. 乃至總說, 依一切衆生, 以有妄心, 念念分別, 皆不相應, 故說爲空. 若離妄心, 實無可空故. 은정희 역주, p.111)

여기에서 우리는 기신론 자체에서 공(空)이라는 말을 쓸 때에도 초월적 실재의 초월성을 가리키는 방편으로 사용하는 것임을 알 수 있다. 곧 공(空)이 그 자체로 무슨 실질적 의미를 표현하고 있다고 생각하여 초월적 실재가 공허하다거나 허무하다고 이해해서는 안 되는 것이다. 다시 말해서, 초월적 실재가 중생의 생각이나 분별과는 언제나 상응하지 않는 차원에 있기에 그 생각과 분별의 한계를 깨우쳐주고자 공(空)이라는 말을 하는 것이다.

이러한 의미는 불공(不空)을 풀이하는 데에서 더욱 뚜렷해진다.

> 불공이라 말하는 것은 이미 법체의 공(空)에는 허망함이 없음을 나타냈기 때문에 이는 바로 진심이며, 이 진심은 항상하여 변하지 않고 정법(淨法)이 가득히 구족되어 있기 때문에 불공(不

空)이라 이름한다. 그러나 또한 취할 만한 상(相)이 없으니, 망념을 여읜 경계는 오직 증득함으로써만 상응하기 때문이다.(所言不空者, 已顯法體空無妄故, 卽是眞心, 常恒不變, 淨法滿足, 則名不空. 亦無有相可取, 以離念境界, 唯證相應故. 은정희 역주, p.118)

곧 단순히 허무함을 말하기 위해서 공(空)을 말하고 있는 것이 아니다. 실재 자체는 공(空)의 측면에서는 중생의 생각과 분별을 초월하고 있지만, 깨끗한 법을 가득히 구족하여 변함이 없기 때문에 불공(不空)의 측면을 간과해서는 공(空)에 대한 이해도 제대로 할 수 없는 것이다. 다만 이러한 불공의 측면도 보통 사람으로서는 이해하기 어려운 심오한 차원에서 증득해야 하는 것임을 유의할 필요가 있을 것이다.

이러한 공과 불공의 부분에 대하여 하케다는 다음과 같이 설명하고 있다.

이것은 "긍정은 부정이고 부정은 긍정이다"라고 알려진 논증법이 적용된 사례 중의 하나이다. 예컨대 "이것은 펜이다"라고 말하는 것은 "이것은 찻잔이다"라는 것을 부정하는 것이다. "이것은 푸르지 않다"라고 말하는 것은 "이것은 푸른 색이 아닌 모종의 다른 색이다"라고 긍정하는 것이다. "진여는 공하다"라고 말하는 것은 진여가 여하한 개념화도 거부하는 어떤 것임을 시사하는 것이니, 곧 진여는 이러한 것도 아니고 저러한 것도 아니라고 말하는 것이며, 진여가 개념을 넘어서는 초월적 실재

> 라는 것을 말하는 것이다. 이러한 부정은 진여가 우리가 익숙하지 않은 다른 곳에서 혹은 다른 시각이나 차원에서 보일 수 있는 가능성을 배제하는 것은 아니다. 그러므로 상징적으로 이야기한다면 진여를 영원하며 항구적이고 불변하다 등으로 표현할 여지가 있는 것이다. '공(空)'은 문자 그대로 '비존재'를 의미하는 것은 아니다.(Hakeda, p.36)

곧 하케다도 진여에 관하여 공을 이야기할 때 단순히 비존재를 이야기하는 것이 아니라 우리의 언어적 개념화를 초월하는 차원에 대한 상징어로서 이야기한다는 것을 명시하고 있는 것이다.

일심이 우리 현상계의 존재들에게 중요한 것은 단지 진여문의 차원에 머물러 있는 것이 아니라 생멸문의 존재들에 대하여서도 궁극적 기반이 되기 때문이며, 우리를 생멸의 속박에서 구원해주는 근원적 힘을 지닌 실재이기 때문이다. 대승기신론의 심생멸문은 다음과 같은 말로 시작한다.

> 심생멸(心生滅)이란 여래장에 의하므로 생멸심이 있는 것이니, 이른바 불생불멸(不生不滅)이 생멸과 더불어 화합하여, 같은 것도 아니고 다른 것도 아닌 것을 이름하여 아려야식(阿黎耶識)이라고 하는 것이다.(心生滅者, 依如來藏故有生滅心. 所謂不生不滅, 與生滅和合, 非一非異. 名爲阿黎耶識. 은정희 역주, pp.120-121)

곧 기신론에서는 우리들 현상계의 존재로서의 중생이 단지 생멸에 속하는 존재가 아니라 불생불멸 곧 생멸을 초월하는 여래장(如來藏)에 기반하고 있다는 것을 천명하고 있다. 여기에서 우리들에게 구원의 가능성이 열리는 것이다. 원효는 여기에서 불생불멸과 생멸의 관계를 다음과 같이 명시하고 있다.

> 만약 같은 것이라면 생멸식상(生滅識相)이 다 없어질 때에 심신(心神)의 체(體)도 또한 따라서 없어지게 되니 이는 단변(斷邊)에 떨어지게 될 것이고, 만약 다른 것이라면 무명(無明)의 바람에 의하여 훈습되어 움직일 때에 정심(靜心)의 체가 연(緣)을 따르지 않게 되니 이는 상변(常邊)에 떨어질 것이다. 이 두 변을 여의었기 때문에 같은 것도 아니고 다른 것도 아닌 것이다.(若是一者, 生滅識相滅盡之時, 心神之體亦應隨滅, 墮於斷邊. 若是異者, 依無明風熏動之時, 靜心之體不應隨緣, 卽墮常邊, 離此二邊, 故非一非異. 은정희 역주, p.124)

곧 우리의 생멸하는 마음에 대하여 그 본 바탕이 역시 생멸하는 것이라면 우리에게 생멸을 초월할 가능성이 없는 것이며, 또한 초월적 실재가 절대 타자로서 생멸과 무관하게 떨어져 있다면 우리에게 구원의 가능성은 전혀 있을 수 없는 것이다. 불생불멸의 초월적 실재가 생멸과 같지도 다르지도 않은 신비한 관계로 우리의 생멸하는 마음에 관여하기에 우리에게 구원의 가능성이 열리는 것이다. 원효는 이러한 관계, 곧 진여수연에 의한 중생의 구원 가능성을 다시 다음과 같이 자세히 이야기한다.

> 묻기를, "심체(心體)가 상주하고 심상(心相)은 생멸하지만, 체와 상이 떨어지지 아니하여 합해서 일식(一識)이 된다고 해야 되는가, 심체는 상주하기도 하고 또한 곧 심체는 생멸하기도 한다고 해야 되는가?"
>
> 답하기를, "만일 뜻을 체득한 사람이라면 두 뜻을 모두 인정할 것이니, 어째서인가? 만약 그 상주를 논한다면 다른 것을 따라서 이루어지지 않는 것을 체라 하고, 그 무상(無常)을 논한다면 다른 것을 따라서 생멸하는 것을 상(相)이라 하는 것이니, 체는 상(常)이요 상(相)은 무상(無常)이라고 말할 수 있을 것이다. 그러나 생멸이라고 하는 것은 생(生)이 아닌 생이요 멸(滅)이 아닌 멸이므로 생멸이라 이름하며, 이는 심(心)의 생(生)이며 심의 멸이기 때문에 생멸이라고 이름하는 것이니, 그러므로 심체가 생멸한다고 말할 수 있는 것이다. 이는 마치 바닷물이 움직이는 것을 물결이라 이름하지만, 끝내 이 물결의 움직임이 바닷물의 움직임이 아니라고 말할 수 없음과 같은 것이다. 이 중의 도리도 또한 그러함을 알아야 할 것이다. 설사 심체는 움직이지 않으나 다만 무명상(無明相)이 움직이는 것이라면 범부(凡夫)를 전변시켜 성인을 이루는 이치가 없을 것이니, 그것은 무명상은 한결같이 멸하기만 하고 심체는 본래 범부를 짓지 않을 것이기 때문이다."(問, 爲當心體常住, 心相生滅 體相不離合爲一識, 爲當心體常在, 亦卽心體生滅耶. 答, 若得意者, 二義俱許. 何者. 若論

其常住, 不隨他成, 曰體. 論其無常, 隨他生滅, 曰相. 得言體常, 相是無常. 然言生滅者, 非生之生非滅之滅, 故名生滅. 是心之生心之滅, 故乃名生滅. 故得言心體生滅. 如似水之動名爲波. 不可說是動非水之動. 當知此中道理亦爾. 設使心體不動但無明相動者, 則無轉凡成聖之理. 以無明相一向滅故, 心體本來不作凡故. 은정희 역주, pp.129-130)

곧 여기에서 원효는 생멸을 단순한 생멸로 받아들여서는 곤란하며, 다소 역설적이라고 하더라도 생멸이 아닌 생멸로 이해할 것을 역설하고 있다. 그렇게 이해함으로써 우리는 심체와 심상의 관계를 파악함에 있어서 중생에게도 성인이 되는 길 곧 구원에의 길이 열릴 수 있다는 것을 이해할 수 있는 것이다.

원효는 자신의 이러한 답에 대하여 다음과 같이 의문이 있을 수 있다는 것을 힐난의 형식을 빌어 이야기한다.

힐난하기를, "만약 마음의 바탕[心體]이 생멸한다면 참마음[眞心]이 다 없어질 것이니, 왜냐하면 생멸할 때에는 상주(常住)함이 없기 때문이다. 또 만일 심체는 본래 고요한 것이나 연(緣)을 따라 움직인다면 생사(生死)가 시작이 있을 것이니, 이는 큰 잘못이 되는 것이다. 왜냐하면 본래 고요한 때에는 생사가 없는 것이기 때문이다. 또 만일 마음[心]이 연을 따라 변하여 생멸을 일으킨다고 한다면 또한 일심(一心)이 연을 따라 변하여 여러 마음[多心]을 일으킬 수 있을 것이다. 이상의 세 가지 힐난을

> 떨칠 수가 없기 때문에 이 뜻이 성립될 수 없음을 알 수 있을 것이다."(難曰. 若使心體生滅, 則眞心有盡, 以生滅時無常住故. 又若心體本靜而隨緣動, 則生死有始. 是爲大過, 以本靜時無生死故. 又若心隨緣變作生滅, 亦可一心隨緣 變作多心. 是三難不能得離. 故知此義不可立也. 은정희 역주, pp.130-132)

곧 생멸과 상주 및 고요함과 움직임 및 변화와 불변을 서로 용납할 수 없는 대립적인 개념으로 이해하는 쪽에서의 힐난이 있을 수 있다는 것을 원효는 고려하고 있는 것이다. 원효는 이러한 힐난 중에서 우선 세 번째의 힐난 곧 일심(一心)과 여러 마음[多心]의 문제에 대하여 다음과 같이 답한다.

> 마치 항상된 마음[常心]이 무명의 연을 따라서 변하여 무상한 마음[無常心]을 일으키지만, 그 항상된 본성[常性]은 항상 스스로 변하지 않는다고 말함과 같으니, 이처럼 일심(一心)이 무명의 연을 따라 변하여 많은 중생심을 일으키지만 그 일심(一心)은 항상 스스로 둘이 없는 것이다. 이는『열반경』에서 '한 가지 맛의 약이 그 옮겨가는 곳에 따라서 여러 가지 다름이 있으나, 이 약의 참된 맛은 산에 머물러 있다'고 한 것과 같으니, 바로 이것을 두고 한 말이다.(如說常心隨無明緣變作無常之心 而其常性恒自不變 如是一心隨無明緣變作多衆生心 而其一心常自無二 如涅槃經云 一味之藥 隨其流處有種種異 是藥眞味停留在山 正謂此也. 은정희 역주. pp.131-132)

곧 원효는 일심이 여러 중생심을 일으키면서도 항상 스스로 둘이 없는 초월적 실재임을 명시하고 있는 것이다. 원효는 생멸과 상주 및 고요함과 움직임에 관하여서도 같은 맥락에서 서로 대립적인 개념으로 파악하기 보다는 하나의 초월적 실재의 두 차원으로 파악할 것을 촉구하고 있다.(은정희 역주, pp.131-132) 원효의 이러한 사상은 뒤에 화엄종의 대성자인 법장(法藏)에 의하여 여래장연기(如來藏緣起) 사상으로 체계화된다.

법장은 『대승기신론의기(大乘起信論義記)』에서 여래장연기를 정점으로 하여 당시까지 중국에 전해진 불교의 가르침을 다음과 같이 4종으로 분류하여 설명하고 있다.

> 현재 동쪽[중국]에 전해진 모든 경론들은 대·소승을 통틀어 네 가지의 사상적 입장이 있다. 첫째는 수상법집종(隨相法執宗)이니, 소승의 여러 부파들이 바로 이에 해당한다. 둘째는 진공무상종(眞空無相宗)이니, 반야 계통의 경전들과 중관 계통의 논서들이 설하는 내용이 이에 해당한다. 셋째는 유식법상종(唯識法相宗)이니, 해심밀경(解深密經) 계통의 경전들과 유가론(瑜伽論) 계통의 논서들이 설하는 내용이 이에 해당한다. 넷째는 여래장연기종(如來藏緣起宗)이니, 『능가경(楞伽經)』·『대승밀엄경(大乘密嚴經)』 계통의 경전들과 『기신론(起信論)』·『보성론(寶性論)』 계통의 논서들이 설하는 내용이 이에 해당한다. 이들 네 가지 가운데서 첫째는 수사집상설(隨事執相說)이고, 둘째는 회사현리설(會事顯理說)이며, 셋째는 의리기사차별설(依理起事差別

> 說)이고, 넷째는 이사융통무애설(理事融通無碍說)이다. 이 여래장연기종(如來藏緣起宗)에서는 여래장이 수연(隨緣)하여 아뢰야식(阿賴耶識)을 이루는 것을 허용하니 이것이 바로 리(理)가 사(事)에 철(徹)하는 것이며, 또 의타연기(依他緣起)가 무성(無性)하여 진여(眞如)와 같음을 허용하니 이것이 바로 사(事)가 리(理)에 철(徹)하는 것이다.(現今東流一切經論. 通大小乘. 宗途有四. 一隨相法執宗. 卽小乘諸部是也. 二眞空無相宗. 卽般若等經. 中觀等論所說是也. 三唯識法相宗. 卽解深密等經. 瑜伽等論所說是也. 四如來藏緣起宗. 卽楞伽密嚴等經. 起信寶性等論所說是也. 此四之中. 初則隨事執相說. 二則會事顯理說. 三則依理起事差別說. 四則理事融通無礙說. 以此宗中許如來藏隨緣成阿賴耶識. 此則理徹於事也. 亦許依他緣起無性同如. 此則事徹於理也. 번역은 박태원, pp.137-138에 준함)

이렇게 불교의 가르침을 4종으로 분류한다는 것은 유식법상종과 별도로 여래장연기종을 주장한다는 점에서 법장의 독특한 사상을 보여주고 있다. 곧 법장은 진여수연을 인정하는 대승기신론의 여래장 사상을 유식법상종의 사상과는 별도의 독립적이고 우월한 사상으로서 부각시키고 있는 것이다. 이러한 법장의 주장은 어떠한 의의를 지니는가? 요시즈 요시히데(吉津 宜英)는 그 구원론적 의의에 대하여 다음과 같이 이야기한다.

> 이것은 오로지 4종 가운데 제3종 이하와 제4종 사이에 있어서 교리적 기반의 차이를 명백히 하고, 특히 제3종의 오성각별

설(五性各別說)에 근거한 일분불성(一分不成)과 제4종의 일체개성(一切皆成) 사이의 결과적 상위를 천명하고자 함에 다름 아니다. 진여수연(眞如隨緣)을 인정하지 않으면 진여는 불변의(不變義)일 뿐이어서 이른바 응연(凝然)하여 일체 제법과 확연히 경계를 짓게 된다. 진여의 빛에 비추어지지 않은 채 전혀 그 빛과 연이 없는 중생 곧 무성유정(無性有情)도 존재할 수 있게 된다. (吉津宜英, p.398)

곧 진여가 불변의 측면만을 지니고 응연에 머무른다면 당시 화엄종과 대립관계에 있었던 법상종에서 주장하는 오성각별설을 용인하게 되고 곧 일부의 중생은 성불할 수 없다는 것을 인정하게 되는 결과를 낳는 것이다. 이 점에 있어서 법장은 여래장연기종을 별도로 부각시키면서 그 차이점을 예리하게 드러내고 모든 중생이 성불할 수 있음을 역설하고 있는 것이다. 이러한 진여수연(眞如隨緣)에 대한 강조는 이븐 아라비의 사상에서 하느님 안에서 만물을 보고 만물 안에서 하느님을 본다고 하는 맥락과 상당한 유사성을 지니고 있음을 어렵지 않게 이야기할 수 있을 것이다.

3. 이슬람과 불교의 대화에 대한 전망

우리는 앞에서 이슬람 수피즘에서의 파나와 바카에 관한 사상이 불교에서의 공과 일심에 관한 사상과 놀랄 정도로 유사한 면모를 지니고 있음을 살펴보았다. 이슬람에서 파나는 우리의 주관적 왜곡을 소멸시킴으로써 있는 그대로의 실재에 대한 직관적 통찰로 나아가는 길이라는 점에서 불교의 공과 상당히 접근하고 있다. 이슬람에서는 또한 바카를 통하여 우리의 차별적 현실을 새롭게 긍정하는 길을 열어주고 있는데, 동아시아 불교에서도 그 바이블이라고도 할 수 있는 대승기신론에 있어서 절대적 하나로서의 일심(一心)에 진여문과 생멸문이라는 두 차원을 배대하여 초월적 공의 세계와 함께, 차별적 현실을 새롭게 긍정하는 길을 열어주고 있다.

현대한국불교계의 원로 중 한 분으로 최근에 입적한 청화(淸華, 1923-2003) 스님은 업감연기(業感緣起), 아뢰야연기(阿賴耶緣起), 여래장연기(如來藏緣起), 육대연기(六大緣起)의 사종연기(四種緣起)를 다음과 같이 설명한다: 업감연기는 가장 낮은 상대적 차원의 연기로 행한 바에 따라서 고(苦)를 받는다는 연기이며, 아뢰야연기는 한층 더 심오한 차원의 연기로 업감 연기의 근원적 실재로서 아뢰야식(阿賴耶識)을 상정하는 연기이고, 여래장연기는 더욱 심오한 차원의 연기로 아뢰야식의 근원적 실재로서 진여불성(眞如佛性)의 여래장(如來藏)을 상정하는 연기이다. 육대연기는 밀교에서의 연기로서 땅 기운, 물 기운, 불 기운, 바람 기운, 텅 빈 공(空)의 기운, 마음 기운 등 여섯 가지 속성이 진여불성의 여래장 가운데 갖추어져 있는 속성으로서 일체 존재를 이룬다는 것이니, 여래장 연기의 밀교적 구체화라고 할 수 있다. 요컨대, 행한 바에 따라서 고(苦)를 받는다는 차원의 연기는 가장 낮은 가르침이며, 모든 존재가 궁극적 실재로서 진여불성의 여래장을 품고 있으며 진여불성의 섭리 하에 놓여 있다는 여래장 연기를 깨달아야 참된 연기의 이치를 깨치는 것이라고 청화스님은 가르치고 있는 것이다.

청화 스님은 사종연기에 대한 그의 법문 가운데 여래장 연기에 관하여 다음과 같이 이야기한다.

> 우리 인간이 미처 몰라서 이것이다 저것이다 그렇게 하는 것이지 원인(原因)을 캐고 들어가서 끄트머리에 들어가면 다 부처님한테 이르는 것입니다. 그러기 때문에 부처님, 진여불성(眞如佛性)이 그때그때 연(緣) 따라서 이루어지는 것이 우리 지금 현상계라는 것입니다. 내가 금생에 태어난 것이나, 또 살다 죽는 것이나, 사업에 실패하는 것이나, 누구를 좋아하는 것이나, 모두가 다 겉만 보면 별것도 아니고 상대적인 걸로 해서 되는 것 같지만 근본 뿌리를 캐 들어간다고 할 때는 다 부처님의 도리란 말입니다. 다 하나님의 섭리(攝理)입니다. 여러분들이 하나님의 섭리라고 하면 우습게 생각하고 미신(迷信)같이 생각하시는 분도 있겠지요. 그렇지 않은 것입니다. 그것은 우주라는 것이 근원에서 본다고 생각할 때는 다 하나님의 섭리요 근본 도리입니다. 다 진리의 섭리입니다. 우리가 뚝 떼어서 현상적인 세계만 볼 때는 원인이 있으면 결과가 있고, 이것이 있으면 저 것이 있

> 고, 이렇게 되겠습니다마는 가장 근본적인 도리에서 생각할 때에는 부처님의 섭리, 하나님의 섭리입니다. 여기에서 불교와 기독교는 하나가 되는 것입니다.(淸華 큰스님, 「마음의 고향」 제16집)

소박한 법문이라고 할 수도 있으나 여래장연기에서 우리의 삶에 초월적 실재의 섭리가 함께 함을 밝히면서 불교와 이슬람 사이의 대화 전망을 밝게 볼 가능성을 뚜렷하게 엿볼 수 있는 법문이라고 할 수 있다.

참 고 문 헌

박태원, 『大乘起信論思想研究(1)』, 서울: 민족사, 1994.

은정희 역주, 『대승기신론소 · 별기』, 서울: 일지사, 1991.

이호근 역, 平川彰 著, 『印度佛教의 歷史』下, 서울: 민족사, 1991.

清華 큰스님, 「마음의 고향」, http://www.amita.net/buddhism/bud4_04_32.php

吉津宜英, 「法藏の大乘起信論義記の成立と展開」, 『如來藏と大乘起信論』, 平川彰 編, 東京: 春秋社, 1990.

勝又俊教, 『佛教における心識説の研究』, 東京: 山喜房佛書林, 1961.

井筒俊彦, *The Encyclopedia of Religion*, vol. 6.

종교 간의 대화를 위한 불교 정신, 자기부정(自己否定)

윤 영 해

동국대학교 교수

목 차

1. 대화의 필연적 이유와 가능성의 모색

현대 사회는 명실상부한 다종교 사회이다. 그러나 기독교(Jesus Christ를 신으로 믿는 종교 Christianity를 가리키는 우리말은 교파에 따라 다르지만 필자는 '기독교'를 택하겠다. 기독교는 한국 대중사회에서 종종 개신교로 이해되는 경우가 많지만, 이 글에서는 기독교를 가톨릭Catholic, 정교회Orthodox, 개신교Protestant를 포괄하는 의미로 사용하겠다.)를 중심으로 한 서구 사회의 종교가 타종교들을 또 다른 하나의 '종교'로서 인정할 수밖에 없다고 생각하기 시작한 것은 제2차 로마 바티칸 공의회가 끝난 겨우 1965년의 일이었다. 그 때까지 서구인들에게 있어서 타종교는 종교가 아닌 혹세무민의 사설(邪說)이거나 미신일 뿐이었다.

동양 사회의 종교들은 타종교에 대해 비교적 덜 적대적이어서 타종교를 송두리째 부정하는 경우는 드물었다. 그러나 자신의 신앙을 절대시하기는 동양 종교들 역시 크게 다르지 않았다. 자신의 신앙을 절대시하는 것은 어떠한 종교도 끝내 포기하기 어려운 모든 종교의 본질적 속성이다. 신앙은 그 속성 상 남녀 간의 애정과 같은 것이어서 다분히 배타적 헌신을 요구하기 때문이다. 한편, 동양에서는 타종교는 물론 자기 신앙의 절대성마저도 결코 용인하지 않으려 했던 종교가들이 없지는 않았으나, 현실적으로 그러한 이상을 실현하기는 쉽지 않았다.

이처럼 절대적 헌신을 요구하는 종교의 본질적 속성은 종교

간의 대화를 어렵게 한다. 그러나 현대의 다종교 현실은 종교 간의 대화를 요청한다. 따라서 종교 간의 대화가 필연적인 이유와 종교간 대화의 가능성을 모색하는 작업이 절실히 요구된다.

본고는 종교간 대화의 필연적 이유를 종교의 자기 본질 안에서 찾고, 종교간 대화의 가능성을 불교의 자기부정의 정신에서 모색해보고자 한다.

2. 타종교를 대하는 네 가지 태도와 종교 간의 대화

종교간 대화의 문제는 기본적으로 타종교를 대하는 자세와 깊이 관련되어 있어 이를 위한 이해가 필요하다. 자기 신앙을 가진 사람들이 다른 신앙을 가진 사람들을 대하는 자세는 개인에 따라 천차만별로 다양하겠으나 크게 네 가지로 일별해 볼 수 있다.

가) 배타주의

타종교를 대하는 태도들 중에서 가장 일반적인 것으로서 먼저 배타주의를 들 수 있다. 배타주의는 전통적으로 유대교, 이슬람교, 기독교 등, 유일신을 믿는 유신적(有神的) 종교들에서 나타나는 전형적인 태도이다.

타종교를 대하는 태도는 자신의 신앙에 대한 이해와 밀접하게 연결되어 있다. 자신의 종교를 어떻게 여기느냐에 따라 타종교를 대하는 태도는 달라진다. 타종교에 대해서 배타주의적 태도를 갖는 종교인은 자신의 종교만을 유일한 참 종교라고 여긴다. 자신의 종교만이 유일한 참 종교라면 자신 이외의 것은 모두 허위가 아니면 오류일 수밖에 없다. 자신의 신앙만이 참이기 때문에 진실로 인간을 구원할 수 있는 종교는 오직 자기 자신의 종교뿐이다. 즉, 자신의 종교 밖에는 구원이 없다는 것이다. 다른 종교들은 허위나 오류일 뿐이기 때문에 혹세무민이나 미신의 가르침에 지나지 않는다. 이 혹세무민이나 미신의 가르침은 척결이나 처단의 대상이다. 그래서 배타주의는 보이는 모든 사람들을 개종시키려는 개종주의거나 그것이 불가능하면 처단해버리고 마는 성전주의(聖戰主義)이다. 예컨대 기독교는 로마제국주의가 자신들에게 적용했던 가치관을 자신이 로마의 국교가 되고 난 뒤 타종교에게 그대로 적용했다. 제국주의는 획일화를 추구한다.

그러나 탈현대의 포스트모던주의는 획일화를 거부하고 다원적 가치와 상대주의를 추구한다. 배타주의는 이러한 현대 사조와 평화적 공존이라는 절체절명(絶體絶命)의 전제 앞에서 양식있는 지성들로부터 반성을 요구받고 있다.

나) 포괄주의

포괄주의는 자신의 종교가 다른 모든 종교들을 예외 없이 포괄하고 있다고 주장하는 태도를 말한다. 포괄주의는 일단 다른 종교를 송두리째 무시하지 않는다는 점에서 배타주의와 다르다. 이는 다른 종교의 가르침에도 어느 정도 참이 있다고 인정한다. 그러나 그러한 부분적인 참의 요소는 전체적으로 완전한 자신의 종교에 궁극적으로 포섭될 수밖에 없다고 본다. 그러므로 포괄주의는 자신의 종교와 타종교를 우열 관계로 파악한다. 자신의 종교야말로 최고의 진리요 최종적인 진리인 것이다.

잘 알려진 대표적 포괄주의자는 독일의 가톨릭 신학자 칼 라너(Karl Rahner)이다. 그는 교회 밖에서 비기독교인으로서 경건하게 사는 사람들을 '익명의 기독교인'이라고 생각했다. 그는 불교신앙의 참을 어느 정도 인정하되, 기독교인으로 그것도 익명의 기독교인으로 인정하고자 했던 것이다.(Karl Rahner, p. 63) 이것은 불자들을 두고 아주 낮은 기독교 신앙을 가진 사람들이라고 말하는 것과 같다. 이러한 태도는 불자들이 기독자들을 익명의 불자들이라고 부르면서 아주 낮은 단계의 불교 신앙을 가진 사람들이라고 말하는 것과 같은 셈이다. 또한 예수를 예수보살이라고 부르는 것도 불교의 입장에서 갖는 포괄주의적 태도라고 할 수 있다.

포괄주의는 타종교를 결국 자신의 종교로 수렴하고자 하는 태도이다. 다만 포괄주의는 배타주의가 내놓고 휘두르던 칼을 꽃다발 속에 숨겨 지니고 있는 셈이다. 포괄주의는 타종교로부터 배울 것이 있다는 생각은 결코 하지 않는다. 자신의 종교가 최고의 진리이기 때문이다. 즉, 포괄주의 역시 자기 신앙의 완전성을 믿는다. 포괄주의는 어느 정도 개방적 태도를 지향하는 듯하지만 그 개방적 태도는 온전한 자기 개방이 아니라 타종교를 자기 종교로 수렴하고자 하는 전략적 개방이라고 할 수 있다. 따라서 포괄주의 역시 개종주의에서 벗어나지 않는다.

다) 상대주의

타종교를 완전하게 인정하지 않는 포괄주의와 달리 상대주의는 모든 종교의 완전함과 동등함을 솔직하고 분명하게 인정한다. 독일의 신학자 에른스트 트릴취(Ernst Troeltsch)는 하느님이 서양을 구원하기 위해서 기독교라는 종교를 주었고 동양을 구원하기 위해서 불교를 주었다고 주장한다. 그리고 그는 이 두 종교는 시간이 아무리 지나더라도 포괄주의자들이 생각하는 것처럼 하나로 수렴되지는 않을 것이라고 보았다. 즉, 상대주의는 참 종교가 동시에 여러 개 있을 수 있다고 여기는 것이다. 상대주의는 서로의 신앙을 철저히 인정한다. 그런 점에서 상대주의는 개종주의를 배격한다. 타종교인을 교화시키고자 하는 선교의 필요를 느끼지 못하는 것이다. 다만 비종교인을 종교인으로 교화시킬 필요는 인정한다. 이는 종교적으로 철두철미한 상호 존중과 평화 공존의 입장을 취한다. 이 상대주의는 매우 지성적이고 양심적이며 자기 개방에 적극적인 듯이 보인다.

그러나 어찌 보면 상대주의 역시 철저한 자기 폐쇄성에 갇혀 있다고 할 수 있다. 배타적 헌신을 요구하는 신앙심의 속성 상 자기 신앙에 대해서 철저히 성실하면서 동시에 다른 종교도 참이라고 인정하는 것이 과연 가능할까?

자신의 신앙과 타인의 신앙이 동일한 내용임을 확인하기도 전에, 서로의 참을 인정하는 것은 엄밀한 의미에서 자기기만이거나 피상적인 타협주의일 가능성이 높다. 상대주의는 진리 추구의 불성실 혹은 방기(放棄)라고 할 수 있다.

다른 한편으로 자신의 신앙을 상대적인 참 정도로만 인정하면서도 그것에 절대적인 헌신을 바칠 수 있을까하는 문제도 생긴다. 상대주의는 자기 자신의 신앙에 대한 절대적인 헌신을 불가능하게 하리라는 것이다. 자신의 신앙을 상대적인 정도의 참으로만 여긴다면 그 가르침에 전적으로 헌신하기 어려울 것이다.

결국 상대주의는 서로를 동등하게 인정코자 함으로써 '네 팔 네 흔들고, 내 팔 내 흔들자'의 태도를 갖게 될 것이다. '너는 너대로, 나는 나대로'의 상대주의적 태도는 나는 나대로 행복하니 너는 너대로 알아서 행복하라는 불행한 타자에 대한 방관일 수밖에 없다.

즉, 상대주의는 타종교의 신자들에 대한 적극적 애정을 갖지 않는다. 배타주의나 포괄주의가 개종주의 때문에 문제가 된다면 상대주의는 자기만족에 안주하여 개종의 의지는 물론 대화의 의지가 전혀 없다는 점에서 문제가 될 수 있다.

라) 다원주의

다원주의는 존 힉(John Hick), 폴 니터(Paul Knitter), 윌프레드 캔트웰 스미스(Wilfred Cantwell Smith), 레오나드 스위들러(Leonard Swidler), 라이문도 파니카(Raimundo Panikkar) 등이 대표하지만, 이들의 입장이 다양하여 그 성격을 한마디로 적확하게 규명하는 것은 쉽지 않다.

배타주의와 포괄주의는 참 종교나 완전한 종교를 하나만 인정한다. 상대주의와 다원주의는 다수의 종교를 참으로 인정한다. 특히 다원주의는 적극적으로 다수의 참 종교를 인정한다는 점에서 자신의 이름을 얻었다.

그렇다면 상대주의와 다원주의의 차이점은 무엇인가? 상대주의가 진리 추구의 방기(放棄)와 불행한 타자에 대한 방관일 수밖에 없다면, 다원주의는 결코 이러한 입장을 취하지 않는다. 첫째, 다원주의는 진리를 향해 진지하고 정직한 자기 개방을 추구한다. 바꾸어 말하자면, 다원주의는 자기 완전성의 주장에 폐쇄적으로 갇혀 있기를 거부한다. 다원주의는 자기 완전성을 잠정적으로만 주장함으로써 자기쇄신과 자기발전의 가능성을 열어 두고자 하는 것이다. 흔히 말해 다원주의는 열린 종교이기를 희망하는 것이다. 둘째, 다원주의는 타종교의 신자들에 대한 진지한 이해도 포기하지 않는다. 즉, 불행한 타자에 대한 방관이 아니라 적극적이고 진지한 공감과 이해를 도모하는 것이다. 다원주의는 자신의 신앙에 절대적으로 헌신하면서도 타종교를 향해 어떻게 진지하게 열려 있을 수 있을까를 고민하는 입장이다.

그렇다면 개인의 체험에 기초하며 본질적으로 배타적 속성을 갖는 타자(他者)의 신앙을 도대체 어떻게 이해할 수 있다는 것인가? 다원주의자들이 이러한 목적을 위해 동원하는 방법이 바로 다름 아닌 대화이다. 다원주의자들은 대화라는 방법이 그러한 목적을 성취시켜 줄 것이라고 믿는다. 배타주의, 포괄주의, 상대주의는 대화를 필요로 하지 않는다. 다원주의만이 진리 추구와 타종교의 이해를 위해 대화를 추구한다. 다원주의는 진리에 대한 정직하고 개방적인 태도를 바탕으로 타종교와의 대화를 통해서 자신에 대한 이해와 쇄신을 도모한다. 다원주의는 대화를 통해서 타자에 대한 이해뿐만 아니라 자신에 대한 새로운 이해를 도모할 수 있다고 믿는 것이다. 즉, 다원주의는 대화를 통한 상호 변혁과 쇄신을 추구한다. 그리고 끝없는 그 상호 변혁과 쇄신의 과정에서 서로가 다같이 공유할 수 있는 진리를 발견하도록 기대하는 것이다.

3. 대화의 종교 자체적 필연성

가) 대화의 불가피성

현대의 다종교 사회가 초래하고 있는 종교 간의 긴장과 갈등, 알력과 분쟁의 문제는 결코 방치해 둘 수 없는 심각한 문제가 된지 오래다. 신앙이 다르다는 이유 하나 때문에 조상 대대로 물려 내린 세계적 유산이 한 줌의 먼지로 돌아가고 신앙이 다르다는 이유 하나만으로 하루에도 수 백 명씩 죽어나가는 것이 오늘의 현실이다.

무엇보다도 종교 간에 대화를 할 수밖에 없는 첫 번째 분명한 이유는 신앙이 서로 달라도 평화롭게 공존하는 길을 모색할 수밖에 없다는 사실이다. 평화로운 공존이야말로 세계 시민이 지켜야 할 절체절명(絶體絶命)의 대전제이다. 평화로운 공존은 분명히 대화를 불가피하게 만드는 첫 번째 이유이다. 종교 간의 심각한 분쟁이 몰고 올 눈에 뻔히 보이는 공멸의 길로 달려갈 수는 없다.

그러나 인류의 평화적 공존이라는 목표를 위해서 상대를 인정하고 대화를 할 수밖에 없다면, 이는 종교 외적 이유 때문에 어쩔 수 없는 종교적 선택을 하는 꼴이 되는 것은 아닐까? 평화적 공존을 위해서 관용과 대화로 어쩔 수 없이 내몰린다면 이는 종교적 행위가 아니라 사회적 행위 혹은 정치적 행위에

에의 현실적 헌신을 극단적으로 강조하는 말이다.

복음서의 가르침 그대로 사랑은 '자신이 해 받고 싶은 그대로 남에게 먼저 해주는 것'(「마태」7:12 ; 「루가」6:31)이다. 이로부터 우리가 알 수 있는 것은 사랑이란 자신을 도외시한 타자에 대한 절대적 헌신과 다르지 않다는 사실이다.

자비나 사랑은 누구보다도 먼저 위험하고 불행한 사람에 대한 헌신을 요구한다. 즉, 성실하고 온전한 신앙인에게 있어서 불행한 타자를 향한 헌신은 필연적이다. 사실 신앙을 가진 사람의 입장에서 보면 자신은 그렇지 못한 사람보다 다행이다. 아직 자신과 같은 신앙을 가지지 못한 사람은 상대적으로 위험하고 불행하다. 그러므로 성실하고 온전한 신앙인에게 타종교인은 누구보다도 우선적인 헌신의 대상일 수밖에 없다. 따라서 성실하고 온전한 불자나 기독자는 반드시 타종교인을 위해 필연적인 헌신을 바쳐야 한다. 그런데도 유독 타종교인에게는 자비나 사랑을 베풀 수 없다고 한다면 이는 분명 성실한 종교인의 자세가 아니다.

우리는 소설을 읽거나 영화를 볼 때에 실재하지도 않는 주인공의 희로애락에 공감하여 웃고 울고 성내고 기뻐한다. 타종교인을 위한 헌신은 타종교인을 향한 '공감적 이해'에서 출발한다. 소설이나 영화의 주인공에게 공감한다는 것은 내가 그 주인공이 된 듯이 느끼는 것이다. 타종교에 대한 공감적 이해란 내가 타종교의 신자가 된 듯이 느껴야 하는 것이다. 상대에 대한 공감적 이해 없는 헌신이란 있을 수 없다. 만일 공감적 이해도 없이 사랑이나 자비를 말하는 이가 있다면 그는 결코 사랑이나 자비를 실천하는 것이 아니다. 공감적 이해 없이는 드라마 한 편도 온전히 볼 수 없다. 사랑이나 자비야말로 진정한 공감적 이해를 필요로 한다. 따라서 성실하고 온전한 불자나 기독자는 공감적 이해를 가지고 상대에 대한 진지한 헌신을 추구해야만 한다.

결론적으로 말해, 사랑이나 자비는 상대에 대한 진지한 헌신이 전제되며, 상대에 대한 진지한 헌신은 상대에 대한 공감적 이해를 전제로 하며, 상대에 대한 공감적 이해를 위해서는 정직한 대화가 전제된다. 그러므로 성실한 불자나 기독자는 필연적으로 타종교인과 적극적으로 진지하고 정직한 대화를 도모해야만 하는 것이다. 즉, 온전한 종교인은 '자신의 신앙에 성실하기 위해서' 반드시 타종교인과 진지하고 정직한 대화를 적극적으로 모색해야만 하는 것이다. 거꾸로 말하자면 타종교인과 진지하고 정직한 대화를 기피하거나 소극적으로 임하는 불자나 기독자는 온전하고 성실한 불자나 기독자가 될 수 없는 것이다. 이것이 바로 대화의 종교 자체적 필연성이라는 것이다.

그러나 아직도 문제는 남는다. 자신의 신앙에 성실하기 위해서 대화에 임한다 하더라도 정직한 자기 개방의 문제는 여전히 남아 있다. 배타주의나 포괄주의가 지향하는 개종주의나 성전주의 역시 누구보다도 자신의 신앙에 성실하려는 동기에서 비롯되는 것이기 때문이다.

따라서 전략적 대화가 아닌 진정한 대화를 위해서는 '정직한 자기 개방'이란 문제가 새롭게 대두된다. 자신의 발전 가능성을 인정해야만 진정한 대화가 가능하다는 뜻이다. 자신의 발전 가능성 인정이란 어느 정도의 자기 부정을 내포한다. 그러므로 자기 부정은 정직하고 진지한 종교 간의 대화에 절대적으로 필요한 대전제인 것이다. 즉, 전략적인 대화의 목적은 개종을 위한 설득이지만, 정직하고 진지한 대화의 궁극적 목적은 자기 쇄신인 것이다. 이 정직한 자기 개방을 위한 자기부정이야말로 진지한 종교 간의 대화에 필요한 결정적 대전제인 것이다.

4. 진정한 대화의 가능성, 불교의 자기부정

가) 불교의 정체성, 자기부정

불교의 가장 독특한 성격은 자기부정에서 잘 드러난다. '자기부정' 개념의 표현들에는 자아 부정 외에도 자아포기, 자기 버림, 자기포기, 자기 내맡김 등의 말마디가 있다. 이 자기부정의 성격은 불교의 정체성(正體性)을 확립해주는 가장 뚜렷한 주제의식이라고 할 수 있다. 이는 불교 전체를 관통하는 중심사상이지만 특히 근본불교의 무아사상과 용수의 『중론』 그리고 선종의 선사상에서 가장 극명하게 나타난다.

> 신비스러운 어떤 것에 우리가 부여하는 이름이 무엇이든지간에——신(神), 혹은 궁극적 실재, 혹은 절대, 혹은 아트만, 혹은 자아, 혹은 브라흐만, 혹은 도, 혹은 이성, 혹은 무한자, 혹은 공, 혹은 무(無)—— 그것은 항상 이해할 수 없는 것으로 우리 앞에서 존재하거나 혹은 나와 너, 자아와 비자아, 주관과 객관, 신과 피조물의 이원성 뒤에서 항상 이해할 수 없는 신비로 존재한다.(D. T. Suzuki, p.156)

유교는 천(天) 혹은 이(理)라 하면서 도교는 도(道) 혹은 이(理)라 하면서 베다는 브라만이라 하고 우파니샤드는 아트만이라 하면서, 셈족들은 야훼 혹은 알라라고 하면서 현상적 존재들의 이면에 영원하고 절대적이고 완전한 어떤 실체적 존재가 존재한다고 믿는다. 배타주의나 포괄주의는 자신이 믿는 이 실체를 중심으로 다른 모든 것들을 배타하거나 포괄하려 드는 것이다. 사실 이러한 절대적 실체가 있다면 그것은 결코 부정되거나 극복될 수 없다.

그러나 불교는 이러한 존재를 상정하지 않는다. 도리어 불교는 이러한 존재를 단연코 부정한다.(불교도 이러한 실체를 상정하고 있다는 불교 쪽의 주장도 많다. 서구에 선불교를 소개하여 불교를 세계화하는 데에 지대한 공헌을 끼친 스즈끼 다이세츠(鈴木大拙)가 좋은 예이다. 그러나 이는 온당한 불교이해라고 할 수 없다. 스즈끼의 이러한 불교 이해에 대한 반박으로는, Robert H. Sharf의 논문을 참조할 수 있다.)

> 몸뚱이[色]는 모인 물거품 같고 느낌[受]은 떠있는 거품 같고 생각[想]은 마치 아지랑이 같고, 의지[行]는 마치 파초 같으며, 의식[識]은 허깨비의 법과 같다.(『增一阿含』, p.701c.)

> 파초를 재목으로 쓰고자 뿌리를 끊고, 잎을 자르고 껍질을 벗기고 단단한 알맹이를 찾으면서 다 벗겨 보아도 단단한 것은 도무지 없는 것과 같다.(『雜阿含』, p.59c)

> 눈 따위[눈이라는 감각기관 혹은 보는 작용]에 선험적 자아나 실체[本住]는 없다. 금후[보는 작용이 끝난]에도 三世에 걸쳐 없는 까닭에 있다느니 없다느니 하는 분별조차도 할 것 없다.(眼等無本住 今後亦復無 以三世無故 無有無分別. 『中論』 제2장 20번째 게송)

그러나 불교는 어떠한 실체적 존재도 인정하지 않는 까닭에 절대적으로 지키고 위해야 할 그 무엇이 없다. 절대적 그 무엇을 상정한다면 자기부정이 불가능하다. 그러나 불교는 어떠한 절대적 실체도 인정 않기에 자기부정이 가능하다. 이 자기부정이 진정한 다원주의를 가능케 한다.

하느님을 절대시하는 기독교 전통에서는 '하느님을 만나면 하느님을 죽이고 예수를 만나면 예수를 죽여라'는 자기부정이나 초월이 있을 수 없다. 하느님이신 예수 그리스도는 절대적 진리 그 자체이므로 결코 부정될 수도 초월될 수 없다. 유교에서 천리(天理)는 절대 부정될 수 없는 것이며, 도교에서 도(道) 역시 결코 초월될 수 없다.

불교에서는 끝내 고수해야 할 어떤 절대가 없다. 불교는 불교마저도 절대시하지 않는다. 불교가 믿는 진리도 어디까지나 수단[方便]이다. 만일 누가 진리를 절대시하려 든다면 그것은 진리에 대한 집착[法執]으로서 잘못된 태도[妄念]이다.

어떤 종교든 자신을 수단으로 알지 못하고 목적으로 여겨 집착하거나 절대시한다면 그것은 사물화(事物化, reification)의 태도라고 할 수밖에 없다. 예를 들자면, 영화나 드라마에서 영웅의 역할을 맡았던 배우를 만나면 시청자들은 그를 실제의 영웅으로 착각하고 동경한다. 반대로 악역을 맡았던 배우를 만나면 그를 실제의 악인으로 여기고 비난하거나 심지어 해치고자 하는 경우도 있다. 배우는 작가가 그리고 싶었던 인물의 성격을 표현하는 도구요 수단일 뿐이다. 그런데 시청자들은 도구나 수단일 뿐인 그 배우를 실재하는 인물로 착각하는 것이다. 이런 행위를 두고 사물화의 과정, 혹은 우상화(偶像化)의 과정이라고 한다.

종교 역시 이렇게 되기 쉽다. 불교는 모든 종교를 진리를 가리키는 수단이라고 여긴다. 그런데 진리를 가리키는 수단에 불과한 종교를 진리 자체인 줄로 안다면 이는 종교를 사물화시키는 것이다. 종교도 사물화시키게 되면 그것에 집착하고 노예가 되기 십상이다. 임시적이고 상대적인 것을 영원하거나 혹은 절대적인 것으로 잘못 알고 집착하는 것이 우상화다. 자기종교를 우상화한 결과에 뒤따르는 것이 다름 아닌 종교 간의 갈등이다.

불교는 이 우상화나 사물화의 과정을 철저하게 배격한다. 그래서 중국 선불교 전통의 정점에 섰던 임제선사는 '붓다를 만나면 붓다를 죽이고 조사(祖師)를 만나면 조사를 죽여라'(逢佛殺佛逢祖殺祖)라고 갈파했다. 이는 사물화된 붓다나 조사에 대한 철저한 타파를 의미한다. 그는 붓다나 조사 역시 자신의 깨달음을 위한 수단[方便]일 뿐이라고 강조하고 있는 것이다. 붓다나 조사를 절대시함으로써 그것에 집착하고 노예가 되는 것을 질타하는 것이다. 불교는 자신이 진리로 여기는 것으로부터도 자유로워야 한다고 역설한다.(윤영해 외 공저, pp.404-409 참조.)

불교는 이처럼 자기부정을 통한 자기초월의 가능성에 열려있는 탓에 진정한 종교다원주의와 종교간 대화의 가능성을 담보하고 있는 것이다

나) 자기 없음의 깨달음, 無我

불교의 핵심교리는 무아(無我), 연기(緣起), 공(空), 중도(中道),

자비(慈悲)로 압축될 수 있는 바 이들 교리의 보편적 성격 역시 자기부정으로 파악할 수 있다.(無我, 緣起, 空, 中道, 慈悲 등의 이들 주제는 불교를 다른 종교와 변별시켜주는 근거이다. 뿐만 아니라 이런 주제들로부터 불교가 단순히 윤리나 철학만이 아니라 종교일 수밖에 없는 이유도 아주 잘 드러난다.)

붓다가 등장했을 당시 가장 강력한 기성사상이었던 바라문교는 우주의 궁극적 실재이며 통일적 원리이기도 한 브라만(Brahman)의 존재를 믿고 있었다. Brahman은 이것을 앎으로써 현상세계의 다른 모든 것을 통틀어 알 수 있는 단 하나의 근원적 실재이다. 또한 이는 모든 현상세계의 근저 혹은 핵심으로서, 드러나 보이는 현상세계의 다양성의 배후에 있는 만물의 통일적 실재이다. 따라서 만유(萬有)가 이로부터 나오는 근원인 동시에 만유가 이로 다시 흡수되는 귀착지이기도 하다. 궁극적 실재로서의 브라만은 모든 현상세계의 근원이며 만물의 통일적 실재로서 '자존적' 존재이며 '항존적' 존재이다.

당시의 인도사람들은 인간을 이 브라만과 관련지어 파악했다. 그들에 의하면, 인간은 물질적인 육체와 정신적인 마음이라고 하는 생멸(生滅)하는 두 가지 현상적 자아와, 이러한 현상적 자아를 초월하는 영원불멸의 순수한 자아인 아트만(ātman)의 세 요소로 구성되어 있다. 그런데 아트만은 다름 아닌 브라만의 내재화(內在化)라는 것이다. 즉, 개물(個物)에 내재해 있는 보편적

일자(一者)로서의 브라만이 바로 아트만인 것이다. 그러므로 브라만과 마찬가지로 아트만도 궁극적 실재로서 '자존적' 존재이며 '항존적' 존재이다. 생멸하는 두 현상적 자아가 아닌 이 아트만이야말로 실체적 존재로서의 진정한 자아라고 할 수 있는 존재이다. 보편적 브라만이 개물에 내재한 모든 개별적 아트만들은 다른 것과 섞이지도 않고 변경되지도 않는 독자적인 본성을 갖게 된다.

그런데 붓다는 이러한 아트만의 존재를 단호하게 부정했다. 이는 실체적 존재로서의 자기의 존재를 부정한 것이다.

> 세상 사람들은 '이것이 나의 아트만이다'라는 집착 때문에 결박당하고 있다. 그러나 '이것이 나의 아트만이다'라고 집착하지 않는다면, (…) 이런 것만으로도 올바른 견해가 일어나는 것이다. (*Saṃutta Nikaya*, p.135.)

아트만의 존재를 부정하는 것이 바로 자기부정이다. 불교는 무아(無我)의 깨달음에서 시작하며 무아는 다름 아닌 자기부정이다.

다만 무아는 실체적 자아의 부정이다. 현상적인 실제의 자아를 부정하는 것은 아니다. 이를 바꾸어 말하자면 모든 존재는 관계적, 임시적, 의존적 존재일 뿐 실체적, 자존적, 항존적 존재가 아니라는 뜻이다.

다) 자기부정의 존재방식, 연기(pratītya-samutpāda)

붓다는 자신이 깨달은 연기의 진리를,

> 이것이 있기 때문에 저것이 있고, 이것이 생기기 때문에 저것이 생긴다. 이것이 없기 때문에 저것이 없고, 이것이 사라지기 때문에 저것이 사라진다.(*Saṃutta Nikaya*, p.28, p.65.)

라는 네 구절로 압축하여 표현한다.

독자들은 지금 한 권의 책을 손에 들고 있을 것이다. 그러나 불교는 이 책이 언제 어디서나 책일 수 있다고 믿지 않는다. 불교는 실체적 존재로서의 책을 인정하지 않는다는 뜻이다. 책이란 존재는 사용하는 사람과의 관계 속에서만 책으로 존재한다. 즉, 종이와 활자로 이루어진 물체에 담긴 내용을 읽고자하는 사람, 즉 독자가 있을 때만 책이 존재한다. 그 물체를 베고 누우면 그것은 책이 아니라 베개이다. 그 물체 위에 그릇을 올려놓으면 그것은 책이 아니라 그릇 받침이다. 찢어서 오물을 닦으면 휴지가 된다. 틀어쥐고 때리면 무기가 될 것이다. 심지어 뜯어먹는 염소에게는 음식이 될 것이다. 종이와 활자로 이루어진 그 물체가 언제 어디서나[恒存] 스스로[自存] 책이 되는 것이 아니라 읽는 사람에 의해서 책이 되는 것이다. 올려놓은 그릇에 의해서 받침이 되고, 오물에 의해서 휴지가 되며, 때리는 사람과 얻어맞는 사람에 의해서 무기가 된다. 그 물체 자체가 언제나 스스로 음식인 것이 아니라 뜯어먹는 염소에 의해서 음식이 되는 것이다. 독자가 있기 때문에 책이 있고, 독자가 사라지면 책도 사라진다. 우리가 항상 휴지라고 부르는 사물도 오물이 묻기 전이나 혹은 묻었던 오물이 없어지면 휴지가 아니다.

불교는 자신을 포함한 모든 존재를 이처럼 관계 속에서 파악한다. 이러한 연기(緣起)의 진리도 다름 아닌 자기부정으로 이해된다. 연기란 모든 존재가 의존적, 임시적, 관계적 존재임을 말함으로써, 고정적, 항존적, 자존적인 실체적 자아를 부정하는 것이다. 연기 역시 자기부정이라는 하나의 문법으로 읽힐 수 있는 것이다.

라) 자기부정의 참모습, 공(śūnyatā)

공이란 의미는 기본적으로 무아의 의미와 다르지 않다. 이 역시 '모든 존재는 실체적 존재가 아니다'라는 진술로서 설명된다.

지금 손을 들어 주먹을 만들어 보자. 분명 우리 눈앞에 주먹이 있다. 그러나 손가락을 펴면 주먹은 사라진다. 주먹이라는 존재에 실체(dravya), 자성(svabhāva), 자아(ātman)는 없기 때문이다. 우리가 지금 앉아있는 책상도 마찬가지다. 조립되어 있는 부속품들을 해체해놓고 보면 — 조립되어 있을 때와 조금도 가멸(加減)이 없지만 — 책상이라는 존재는 없다. 실체적 존재가 아니기 때문이다. 실체가 없기 때문이다. 공은 모든 존재에 실체가 없다는 뜻이다. 그러므로 이 역시 자기부정으로 이해된다.

다만 어떤 불교의 어떠한 텍스트에서도 공을 주어(主語)로 세워서 설명하는 곳을 찾기는 어렵다. 따라서 단도직입적인 한 문장으로 공의 정의를 설파하는 텍스트를 찾는 것은 쉽지 않다. 일례로 가르마 창(Garma C. C. Chang)은 90여 쪽에 걸쳐 공을 설명하면서도 공을 한 문장으로 압축하여 설명하는 텍스트(text)는 제시하지 못하고 있다.

> 연기(緣起)인 것, 그것을 우리는 공성(空性)이라고 부른다. 그것은 무엇인가에 기초한 방편적 표명이며[假], 그것은 또한 중도에 다름 아니다. 무엇일지라도 연기한 것이 아닌 것은 존재하지 않으므로 공이 아닌 것은 존재하지 않는다.(『中論頌』 제24품 제18偈.)

그런데 여기까지 듣고 보면 무아, 연기, 공이 모두 같은 의미로 이해된다. 표현 양식은 다를지 모르나 결국 자기부정의 의미로 집약된다. 이렇게 무아, 연기, 공이 모두 같은 뜻이라는 점에서 중도의 의미가 아주 잘 드러난다.

마) 자기 없음으로 있음, 중도(madhyamā-pratipad)

중도는 처음에 쾌락에도 탐닉하지 말고 고행에도 집착하지 말라는 수행적 중도의 뜻으로 쓰였으나 대승불교시대에 이르러 사상적 의미로 쓰이게 된다. "실체가 비었지만 의존적으로 존재한다"는 것은 바로 '비어서 있음', '없게 있음', '없으면서 있음', '없지만 있음'을 뜻한다. 중도는 '비었음'과 '있음'을 동시에 하는 말이다. 실체 없음[空]이 의존적으로 있음[色]이며, 의존적으로 있음이 바로 실체 없음이다. 중도는 '실체 없음이 바로 의존적 있음이다[空卽是色]'의 뜻이며, '의존적 있음이 바로 실체 없음이다[色卽是空]'의 뜻이다.

> 붓다는 카티야나Katyayana에게 말씀하셨다. 세상사람들의 견해는 언제나 '있다'와 '없다'의 두 갈래 위에 근거하고 있다. '그것이 있다'가 이쪽 끝이고 '그것이 없다'가 저쪽 끝이다. 세상은 이 두 극단 사이에 갇혀 있다. 거룩한 이는 그 극단을 초월한다. 양극단을 피하면서 여래는 中道에서 법을 설하신다. 거기서만 진리를 찾을 수 있다. (…) 둘은 더 이상 다르기를 멈추고 같은 것이 된다.(한형조 역, pp.182-183)

따라서 중도 역시 이미 무아, 연기, 공에서 언급한 대로 자기 부정으로 이해된다.

깨달음, 즉 지혜는 사물을 있는 그대로 보는 경험과 능력이다. 즉, 모든 사물에는 실체가 없으며 의존적으로 존재한다는 사실을 아는 것이 깨달음이다. 반대로 깨달음이 없는 상태, 즉 지혜의 반대는 무명(無明: avidyā)이다. 무명은 사물을 있는 그대로 보지 않고 왜곡해서 보는 것이다. 바꾸어 말하면 사물을 실체시하는 것, 즉 자기를 세우는 것이 무명이다. 붓다에 따르면 이 무명이 죽음의 원인이다. 무명(無明)에서 시작해서 노사(老死)로 끝나는 12연기법(緣起法)을 상기해보자. 무명의 결과는 죽음이고 죽음의 원인은 무명이다. 무명은 사물을 실체시 하는 것, 즉 자기를 세우는 것이다. 기독교의 입장에서 죽음의 원인을 생각해 보자. 죽음의 원인은 죄이고 죄는 하느님 앞에 자기를 세우는 것이었다. 무명을 타파하는 것, 즉 자기를 부정하는 것은 죽음을 극복하고 초월하는 길이다. 불교의 모든 것은 자기부정을 통해서 이루어지는 것이다.

대승불교, 특히 선불교는 태어남과 죽음이 본래 없다[本無生死]고 말한다.(柳田聖山, p.102; 塚本善隆 編, pp.14-22) 그것은 실체라는 자기부정을 통해 태어날 나나 죽을 내가 없음을 깨닫는다는 의미이다. 불교의 죽음초월은 안 죽는 것이 아니라 죽을 내가 없다는 사실의 깨달음, 즉 자기부정을 통해서 죽음으로부터 자유로워지는 것이다. 자기부정이야말로 불교가 말하는 생사해탈의 의미이다.

자기부정의 깨달음을 통해서 얻는 이러한 자유는 개인적 차원의 구원이다. 이에 비해 사회적 차원의 구원은 자비이다. 이는 깨달음의 실천, 즉 자기부정의 실천에 의해 성취된다.

바) 자기부정의 실천, 자비(maitri-karuṅa)

자비라는 말마디의 의미는 모든 너에게 '이익과 즐거움을 주는 실천'[maitri]과 '불이익과 고통을 덜어주는 실천'[karuṅa]으로 이해될 수 있다.

그러나 이러한 말마디의 의미를 넘어 자비의 실천이 갖는 진정한 의미는 다름 아닌 무아, 연기, 공, 중도, 즉 자기부정을 실천하는 것이다. 진정한 자비의 실천은 '내가 너를 향해서' 즐거움을 주거나 '내가 너의' 고통을 덜어주거나 하는 것이 아니다. 자비는 너와 내가 사라지고[不二] 세계만 남겨 두는 실천이다. 달리 말하자면, 자비는 내가 부정됨으로써 나와 세계가 하나 되는 실천이다. 『Vimalakīrti-sutra』의 한 구절은 이를 명쾌하게 설명한다.

문수(文殊, Mañjusrī)가 유마의 병문안을 갔다. 유마는 이미 깨달음을 성취하여 생노병사를 모두 초월한 붓다나 보살로 간주되는 사람이었다. 그런 유마가 병을 앓다니 알 수 없는 일이었다. 문수는 유마가 병을 앓는 까닭을 물었다.

> 문수여, 나의 병은 모든 중생의 병이 다하지 않는 한 낫지 않을 것입니다. 모든 중생의 병이 다할 때 나의 병도 낫습니다. (…) 문수여, 마치 상인의 외아들이 아플 때 그의 양친이 아들의 병으로 인하여 아프듯이. 문수여, 그와 같이, 보살은 모든 중생

> 을 자기의 하나밖에 없는 자식처럼 사랑합니다. 중생이 아프면 보살도 아프고, 중생이 나으면 보살도 낫습니다. 문수여, 그대는 보살의 병이 어디에서 오는가를 물었습니다. 보살의 병은 대자비에서 생깁니다.(Rovert A. F. Thurman, trans., p.43)

진정한 자비는 내가 부정됨으로써 너도 사라지는, 그래서 너와 내가 하나가 되는 깨달음 위에서 이루어진다. 너의 의해서 내가 있으므로, 너 없이는 내가 있을 수 없으므로, 네가 사라지면 나도 사라지므로, 너는 곧 나이다. 즉, 무아요, 연기요, 공이요, 중도이므로 너와 나는 하나다. 네가 아프니까 내가 보살펴주는 것은 자비가 아니다. 너와 내가 하나이기 때문에 네가 아프면 바로 내가 아픈 것이며, 너의 아픔이 바로 나의 아픔임을 알고 보살피는 것이 바로 진정한 자비, 즉 대자비이다.(「大智度論」, p.209 참조) 대자비가 실천되는 장에서는 주는 자나 받는 자나 주어지는 행위와 대상이나 각자의 자기가 모두 사라지고, 모두가 서로에게 의존하여 존재하는 한 덩어리의 세계만 있을 뿐이다.

다시 말해서, 자기부정을 통하여 세계가 하나임을 깨닫고 그에 입각하여 살아가는 삶이 자비의 실천이다. 자비의 실천은 다름 아닌 사회적 구원이다. 자기부정의 깨달음이라는 개인적 구원이 자유로 드러난다면, 자기부정의 실천이라는 자비는 사회적 구원이며 이는 평화로 드러난다. 나를 자기중심적으로 인식하여 내세운 다음 내 앞의 모든 것을 너로 인식할 때, 궁극적 평화는 있을 수 없으며, 이기심에서 비롯되는 무한경쟁과 그 결과인 대립과 갈등 반목과 쟁투가 있을 뿐이다. 그러나 대자비가 실천되는 장에서는 이기심에서 비롯되어 무한경쟁의 결과로서 초래되는 대립과 갈등, 반목과 쟁투는 사라지고 모두가 하나 되는 평화가 있을 뿐이다.

불교의 이러한 자기부정의 자세는 종교 간의 대화에 있어서 그 진정성과 성공의 가능성을 확보하는 결정적 전제가 될 수 있다. 잠정적일지언정 자기부정이 전제되지 않은 대화의 시도는 결코 성공하기 어렵다. 가슴 속 깊이 자기 완전성을 전제한 채 대화에 임하는 것은 자기 확대의 시도에 불과할 뿐이며 이러한 시도는 종교 간의 진정한 대화를 방해할 뿐이다.

5. 종교간 대화의 성공을 위한 기본자세

다종교 사회는 필연적으로 종교 간의 갈등과 알력을 낳는다. 전적인 헌신을 요구하는 종교의 본질적 속성 때문에 종교 간의 갈등과 알력은 해소되기 어렵다. 그러나 종교 간의 대화는 불가피하고 나아가 필연적일 수밖에 없다. 진정한 종교인은 자신의 신앙에 성실해야만 하기 때문이다. 종교간 대화의 필연성은 종교의 이념 자체 안에 있는 것이다.

종교간 대화의 절대적 전제 조건은 정직한 자기 개방이다. 불교는 이 정직한 자기 개방을 가능케 해주는 자기부정이라는 독특한 성격을 가졌다. 그래서 불교는 생래적으로 종교 간의 대화에 임하는 데에 별로 어려움이 없어 보인다. 불교가 종교 간의 대화에서 실제로 적극적이지 못한 이유는 현실에 소극적인 불자들 자신의 태도 탓도 있으나 대화 상대에 대한 신뢰의 상실에 기인하는 바도 있다. 계속되는 개신교인들의 훼불사건은 종교간 대화에 대한 불자들의 불신을 키웠다. 이제 논의를 마무리하는 시점에서 종교 간의 대화에 임하는 기본적인 전제 조건을 몇 가지로 간추려 볼 수 있을 것이다.

종교 간의 진정한 대화가 성공하기 위해서는 첫째, 배타주의나 포괄주의와 같은 단원주의(單元主義)는 극복되어야 한다. 자신만이 옳거나 자신만이 최고라는 전제 하에서는 진정한 대화란 아예 불가능하다.

둘째, 상대주의와 같은 무관심주의 혹은 포기주의 역시 극복되어야 한다. 진정한 대화는 상대에 대한 적극적 관심과 애정이 없이는 불가능한 일이다.

셋째, 신앙의 문법은 사랑의 문법과 유사하다는 점을 인정해야 한다. 진정으로 사랑에 빠진 사람에게 그의 애인은 가장 아름답다. 그러나 자신의 애인과 사랑에 빠지지 않은 사람에게는 전혀 아름답게 느껴지지 않을 수 있다. 사랑의 감정은 주관적이기 때문이다. 그러므로 우리는 다른 사람에게 자신의 애인을 사랑하라고 강요하지 않는다.

애정의 문법이 이런 것처럼 다원주의자의 신앙문법도 이와 같다. 열렬히 사랑하는 사람들을 바라보면서 그들이 사랑하는 법을 묻고 배워 자기 사랑을 반성하고 쇄신하여 더욱 돈독하게 키워가는 것이다.

넷째, 진정한 종교 간의 대화는 자기부정을 통해서 가능하다. 자기 완전성을 믿는 한 종교 간의 대화는 불필요하다. 자기 완전성을 믿는 상태에서 나선 대화는 진정한 대화가 될 수 없다. 종교 간의 진정한 대화란 설득이나 강요를 위한 대화가 아니라, 고백을 위한 대화이며 배움을 위한 대화일 수밖에 없기 때문이다. 예컨대, 기독자와 불자의 대화는 사랑과 자비라는 자기 신앙을 확인하고 실천하는 대화여야 하기 때문이다. 온전한 사랑과 자비는 자기부정, 자기버림, 자기포기가 없이는 단 한 걸음도 실천할 수 없는 것이다.

다종교 사회는 기회인 동시에 위기이다. 다종교 사회를 기회로 삼을 것이냐 위기로 만들 것이냐는 순전히 종교 간의 대화에 달려 있다. 만일 이것을 기회로 삼는다면 그것은 종교인들만의 기회로 그치지 않을 것이다. 그것은 결국 온 세상의 정치적, 경제적, 민족적, 국가적 반목 세력들에게 화해와 일치, 공존과 공영의 모범이 될 것임에 틀림없다.

참고문헌

윤영해,「불교와 다종교 사회」,『불교사상의 이해』, 불교교재편찬위원회, 서울: 불교시대사, 2003.

『增一阿含』 권27, 35, 9. 大正, 권2.

『雜阿含』 권9, 248, 大正, 권2.

「大智度論」,『大正新修大藏經』 제25권.

柳田聖山,『臨濟錄』, 大藏出版株式會社, 1977.

塚本善隆 編,『肇論硏究』, 法藏舘, 1955.

D. T. Suzuki, "Basic Thoughts Underlying Eastern Ethical and social Practice", *The Eastern Buddhist*, Vol., 31, No. 2, 1998.

Edward Conze, *Buddhism : Its essence and development*. 한형조 옮김,『한글세대를 위한 불교』, 세계사, 1990.

Garma C. C. Chang, *The Buddhist Teaching of Totality – The Philosophy of Hwa Yen Buddhism*. Univ. Park and London : Pennsylvanis State University. 1971.

Karl Rahner, "Christianity and the Non-Christian Religions", *Christianity and Other Religions*, Philadelphia; Fortress Press, 1981.

Rovert A. F. Thurman, trans., *The Holy Teaching of Vimalakīrti*,

University Park and London : The Pennsylvania Steate University Press, 1981.

Robert H. Sharf, "Whose Zen?: Nationalism Revisited", *Rude Awakening: Zen, the Kyoto School, & the Question of Nationalism*, James W. Heisig & John C. Maraldo(ed.)

Saṃutta Nikaya, Ⅱ. p.17, Ⅲ. p.135.

현대 신유가의 이웃종교 연구

– '객관적 연구'의 사례로서 –

김 기 현

전남대학교 교수

목 차

1. 들어가는 말

■ 유교사상의 현대화에 성공한 중국의 현대 유교사상

'현대 신유가(現代新儒家)'란 근대 이후 서구로부터 밀려온 모던(modern: 근대·현대) 물결에 대응(對應)하여 현대 유교의 진로를 개척한 20세기 중국의 유교계 학자들 집단 및 그들의 학문 입장을 지칭한다. 좀더 간략하게 이해하자면, 20세기에 중국에서 나온 '현대 유교사상'을 가리키는 용어라 생각하면 되겠다. 현대 신유가를 대만과 홍콩에서는 '당대신유가(當代新儒家)'라 부르며, 이들의 학문 또는 철학사상을 가리킬 때는 '현대 신유학(現代新儒學)'('당대 신유학(當代新儒學)')이라는 용어를 쓰기도 한다.

우리가 유의해야 할 것의 하나는, 현대 신유가에 적용되는 '현대 유교' 개념은 단순히 '20세기에 활동한 유교계 학자들 및 그들의 사상'에 그치지 않는다는 점이다. 예를 들어 이해해 보자. 가령 20세기의 한국이나 일본에서 유교계 인사로서 또는 유교계 학자로서 활약한 사람들이 있다고 할 때 우리는 이들의 주장이나 사상을 '현대 유교사상'으로 말할 수 있다. 그런데 만일 그들의 주장이나 사상의 내용이 19세기까지의 유교인의 주장이나 사상과 별로 다를 것이 없다면, 우리는 이들에게 현대 신유가에 적용하는 '현대 유교' 개념을 적용할 수 없다. 현대 신유가의 사상은 단지 그들이 20세기에 활동했기 때문에 '현대 유교사상'인 것이 아니다. 현대 신유가의 구성원들은 예컨대 16세기의 유교인들도 말할 수 있고 19세기의 유교인들도 말할 수 있는 그런 사상을 말한 것이 아니라 언제나 현대의 시대 여건을 긍정한 위에 주체적으로 사유(思惟)하여 자신의 주장과 사상을 말하였다. 요컨대 현대 신유가의 사상은 19세기까지의 전통 유교사상과는 다른 '새로운 내용'을 담고 있다. 이 점에서 20세기의 중국이 낳은 현대 신유가는 전통 유교사상의 현대화에 성공한 유일한 사례이다.

한국과 일본에서는 아직 '현대 유교사상'이 출현하지 않았기 때문에 한국의 일반 독자로서는 현대 신유가라는 용어가 생소할 수 있다. 사실 한국의 우리에게는 현대 신유가에 적용되는 엄격한 의미의 '현대 유교사상'이 아니라, '20세기에 유교계에서 나온 사상'이라는 느슨한 의미에서라도 한국 유교계의 현대사상으로 열거할 만한 것에 무엇무엇이 있는지를 찾아보기가 쉽지 않다. 시대 여건이 근본적으로 바뀌고 개인과 사회의 가치관이 과거와 판이하게 달라지면 철학이나 종교는 시대와 사회 여건의 변화에 부응하는 삶의 지표를 제시해 주어야 한다. 이 점에서 중국의 현대 신유가는 서구의 근대 물결에 중국의 위기를 절감한 중국 유교계 학자들의 위기 의식과 분발이 낳은 성취로서, 한국의 우리에게 대표적이고 모범적인 사례의 하나가 된다.

현대 신유가는 중국(이 글에서는 중국 대륙, 대만, 홍콩을 망라함) 현대 사상사에서 계란의 노른자위와 같은 지위를 갖는다. 비록 중국 대륙이 1949년의 공산화 이후 유물사관(唯物史觀)의 공산주의 사상을 추구하여 현재에 이르고 있지만, 1978년의 개혁 개방 이후로는 공산사상만을 고집하지 않는 방향으로 전환하였고 그 후로는 오히려 갈수록 현대 신유가의 연구에 적극적이게 되었다.(한철사연, pp.8-10) 이제는 사회주의 진영(중국 대륙)과 자유 진영(대만)을 막론하고 현대 신유가를 제외하고서는 중국의 현대철학사상을 말할 수 없게 되어 있다.

■ '유교는 종교인가?'의 물음을 넘어서

거시적으로 보면, 현대 신유가는 근대 이전의(pre-modern) 유교가 현대의(modern) 상황에서 재건(再建) 또는 부활(復活)한 것에 지나지 않는다. 그러나 내용 면을 보면 전통의 유교와는 판이하게 다른 면모를 보여주기도 한다. 타 종교에 대한 태도의 전환은 대표적인 변화의 하나이다. 이 글은 현대 신유가가 근대 이전의 유교와는 달리 이웃종교에 대하여 근본적으로 달라진 자세를 보여준 것의 구체적 내용을 살펴보려는 것이다.

한국의 학계에서는 '유교는 종교인가?'의 물음이 논제가 되곤 한다. '유교는 종교인가?'는 하나의 물음으로서는 유효하고, 이 물음에 관해 논의하는 가운데 얻을 수 있는 지적(知的) 소득이

적지 않으나, 이 물음에 대한 답변은 현재로서는 유보적일 수밖에 없다. 그 이유는 다음과 같다.

동아시아 각국에서 사용되고 있는 '종교(宗教)'라는 용어는 서양어 religion(릴리전)의 번역어이다. 동아시아의 전통 사회에서 宗(마루 종)자와 教(가르칠 교)자는 각각 매우 중요한 의미를 담고 있는 단어로 사용되어 왔다. 두 글자가 합성된 '종교'가 널리 통용되고 있는 것은 religion의 번역어로서이다. '유교는 종교인가?'의 물음은 결국 '유교는 religion인가?'의 물음과 다를 게 없다. 그런데 세계의 religion들을 대상으로 전문 연구를 하는 서양의 종교학자들 사이에 '종교란 무엇인가?(What is religion?)'에 대하여 거의 일치된 정의(定義, definition)는 아직은 제시되어 있지 않다. 1912년에 출간된 어느 서양 학자(James, H, Leuba)의 저서에는 종교에 대한 48종의 정의(定義)가 정리되어 있다고 하고, 일본 문부성 종무과(宗務課)에서 1961년에 편찬한 어느 보고서에는 104종의 정의가 수록되어 있다고 한다.(최근덕, p.252 참조)

'유교는 종교인가?'에 대한 답은 일단 '유교는 종교이다.'이거나 '유교는 종교가 아니다.'이겠는데, 먼저 종교(religion)에 대한 정의가 제시되지 않는 한 이 답변들은 무의미하게 된다.

현대 신유가의 구성원들이 '유교는 종교인가?'의 논제에 관하여 논의한 글은 보이지 않는다. 이것은 한국의 학계에서 예컨대, 이상은(李相殷), 최근덕(崔根德) 등등 적지 않은 학자들이 이 논제를 다룬 것과는 사뭇 다른 양상이다. 현대 신유가의 많은 저술들 가운데서 종교에 관하여 논의한 글도 찾기가 어렵다.(물론 여기에는 현대 신유가들이 활동하기 전에 근대 중국의 지식인들 사이에 유교의 종교 여부에 관한 논쟁이 일부 있었다는 점이 관련이 있을 수는 있으나, 필자가 보기에 이 논제가 가치가 있는 것이라면 지적(知的) 탐구열이 뜨거운 현대 신유가의 학자들이 정면으로 다루지 않았을 리가 없다고 생각된다.) 그렇지만 자세히 들여다 보면 그들은 종교에 관하여 확실한 관념을 갖고 있음을 보아낼 수 있다. 유교가 종교인지 아닌지에 관한 그들의 입장도 확실하게 확인된다. 현대 신유가의 구성원들은 서양의 학문을 깊이 탐구한 공통점을 갖고 있다. 서양의 철학 전통과 종교 전통을 섭렵한 그들이 유교를 종교로 보고 있는지, 그리고 전통의 유교인들이 벽이단(闢異端: 타종교의 교설을 배척함)을 유교인의 소임으로 여긴 것에 비해 그들은 다른 종교에 대하여 어떤 입장을 취하고 어떤 활동을 하였는지를 개괄적으로 살펴보려는 것이 이 글의 목적이다.

한국사회에서 현대 신유가는 아직도 낯선 용어이다. 시중에 세 권의 저서(『현대 신유학 연구』·『현대 신유학의 인문 정신』·『현대 신유학』)가 발간되어 있으나, 학술적 전문성이 짙어 일반인이 이해하기는 쉽지 않다. 우리는 현대 신유가의 구성원들 중 5인을 선별하여 그들의 기본적인 관점을 개괄하는 가운데 가능한 한 평이하게 현대 신유가의 종교관 및 이웃 종교에 대한 자세를 살펴보고자 한다.

용어에 있어서는 '타종교'나 '다른 종교'보다 '이웃 종교'를 선호하고자 하며, 유가학파, 유교, 유교사상 등의 용어를 맥락에 따라 사용하고자 한다.(참고로 말해 두면, 보통 '유가'는 학파를 가리키고, '유학'은 '유가학파의 철학이나 학술 이론' 또는 '유가학파의 학문을 공부함'을 의미하는 것으로 말해진다. 세계관과 가치관을 가리켜 말할 때는 주로 '유교사상'을 사용하고, 종교와 관련지어 좀더 포괄적인 범위로 말할 때는 '유교'를 사용하고자 한다.)

2. 현대 신유가에 대한 기초적 이해

가) 현대 신유가의 주요 인물

■ 주요 인물 설정상의 문제

누구누구를 현대 신유가의 주요 인물로 볼 것인가에 관하여는 지역에 따라, 연구자에 따라 견해 차이가 있다. 여기서 말하는 '지역에 따라' 다르다는 말은 중국대륙의 학계와 대만 · 홍콩의 학계 간의 차이를 말한다. 신해년인 1911년에 이른바 '신해혁명'이라 불리는 사건을 기점으로 중국 역사상의 청나라 조정은 문을 닫고, 1912년부터 현대 중국정부가 시작된다. 그리고 한국에서 6 · 25 한국전쟁이 일어나기 1년 전인 1949년에 모택

동의 공산당(共産黨) 정부가 대륙을 장악하고 장개석의 국민당(國民黨) 정부가 대만(臺灣, Taiwan)으로 패퇴함으로써 민족이 분단되어 오늘에 이르고 있다. 홍콩은 영국의 통치 하에 있다가 1997년에 중국 대륙, 즉 공산당 정부에 이양되었으나, 1949년의 분단 이래 현재까지도 학술 연구 및 문화 면에서는 대만과 가깝다. 현대 신유가의 주요 인물들 중에는 분단 이후 대륙에 남아 있던 학자도 있고 공산당 치하를 벗어나 대만과 홍콩을 오가며 학문 활동을 한 학자들도 있다.

대략 1980년대와 1990년대를 기준으로 말할 때 연구자에 따라 현대 신유가를 3세대 또는 4세대로 분류하여 말한다.(류근성, pp.15-16 참조) 제1세대에 속하는 인물들은 19세기의 말엽에, 즉 1880년대-1890년대에 태어난 세대이다. 4세대설로 말하면, 제1세대로 거론되는 대표적인 인물에는 양수명(梁漱溟), 웅십력(熊十力), 장군매(張君勱) 등이 있고, 제2세대 인물로는 하린(賀麟), 전목(錢穆), 풍우란(馮友蘭) 등이 있다. 제3세대로는 방동미(方東美), 서복관(徐復觀), 당군의(唐君毅), 모종삼(牟宗三) 등이 있으며, 제4세대는 그 뒷 세대들이다.

한 가지 알아둘 사항은, 대만과 홍콩에 거주하며 활동하던 현대 신유가 학자들은 분단 후로 30여년 간 활발하고 꾸준하게 자신들의 학문을 진행해 간 반면에, 중국 대륙에 남아 있던 현대 신유가의 학자들은 그렇지 못했다는 점이다. 1970년대까지의 중국 대륙의 상황은 현대 신유가는 말할 것도 없고 전통의 유교사상이나 불교사상이 모두 비판받거나 그 가치가 부정되는 처지에 놓여 있었다. 이 기간에 대륙에 남아 있던 현대 신유가 학자들은 자신의 이전 입장을 포기하고 자아비판하거나 스스로 공산사상가로 전향하거나 아니면 수모를 겪어야 했다. 그런데 10년간의 문화대혁명(文化大革命, 1966-1976년)이 완전 실패로 끝나고 1978년 이래 개혁 개방 노선이 취해지는 사회 분위기에서 1980년대부터는 돌연 현대 신유가 연구가 국가 정책 과제로 선정되어 괄목할 만한 연구 성과를 산출하더니, 1990년대 중반을 거치면서는 대륙의 일부 학자들이 그 동안 현대 신유가를 연구의 대상으로만 삼았던 데서 일보 전진하여 스스로 현대 신유가의 입장이 되어 사유(思惟)를 전개하는 창조적 활동을 시작하기에 이른다. 이들을 '대륙신유가'라 부른다.

현대 신유가를 연구하는 연구자들은 현대 신유가 학자들의 출생년도에 따르지 않고 주요 활동 내용을 고려하여 논의의 순서를 정하곤 한다. 그리고 어느 연구자가 되었든 예외 없이 모두 현대 신유가 제1세대와 제2세대의 주요 학자들 중 핵심 인물로 열거하는 학자는 양수명(梁漱溟)과 웅십력(熊十力)이다. 하린과 장군매 등에 대해서는 연구자에 따라 포함시키기도 하고 제외하기도 하며, 전목과 풍우란에 대해서는 기묘한 곡절이 있다.

■ 풍우란과 전목의 포함 여부

대체적인 경향을 말하면, 대만과 홍콩의 학계에서는 풍우란(馮友蘭, 1895-1990)을 현대 신유가에서 완전히 배제하는 반면에 중국 대륙에서는 어느 경우에나 풍우란을 현대 신유가의 대표적 학자로 추켜세운다고 보면 된다. 이렇게 심각한 시각 차이가 빚어지는 배경에는 중국 공산당의 사회주의 진영과 국민당의 자유 민주주의 진영 간의 이념 대립도 자리하고 있고, 풍우란의 개인적인 사정도 있다.

풍우란은 유명한 『중국철학사(中國哲學史)』의 저자이다. 이 책은 1934년에 출간되었고, 1949년에는 그 축약본이라 말할 수 있는 『중국철학간사(中國哲學簡史, *A Short History of Chinese Philosophy*)』를 영문으로 출간하였다. 1980년대에 노사광(勞思光)의 『신편중국철학사(新編中國哲學史)』가 출판되기 전까지 한국의 대학과 대학원에서는 풍우란의 이 두 종류 중국철학사가 주요 교재로 사용되었다. 풍우란은 일찍이 미국에 유학하여 1923년에 컬럼비아 대학교에서 박사학위를 받은 역량 있는 학자이고, 20세기 전반기에 살았던 중국의 지식인 가운데 그 누구보다도 자유 민주주의를 잘 알았을 사람이다. 그런데도 1949년에 분단이 되었을 때 그는 공산 진영에 남았다.

그런데 오랜 후에 알려진 바에 의하면, 그의 이 잔류는 학자들의 민첩하지 못한 면 때문에 미처 피난 대열에 합류하지 못한 것도 아니었고, 공산당 조직에 붙잡힌 것도 아니었다. 본인의 의사였던 것으로 볼 수밖에 없다. 게다가 그는 1949년 이후로 공산주의 사상가로 전향하였고, 한 때는(대략 1950년대 후반) 공산진영 내 우파(右派)의 대표적인 학자의 한 사람으로 활약하기도 했다. 또한 그는 사상 전향 후로 유물사관(唯物史觀)에 입각한 『중국철학사』를 총 7권의 분량으로 편찬해냈고, 문화대혁명 때는 공자를 '공구'(孔丘: '丘'는 공자의 이름)라 부르며 비판하는 글을 쓰기도 했다. 이런 연유로 자유 진영인 대만의 학계에서는 풍우란이 현대 신유가로 인정받을 수가 없는 일인 것 같다.

묘하게도 풍우란과 같은 해에 태어나 같은 해에 96세로 사망한 전목(錢穆, 1895-1990)은 본인과 그 문하생 측에서 그를 현대 신유가에 포함하는 것에 반대 의사를 표명한 사례이다. '전목은 특정 학파에 소속되지 않는다'는 것을 주요 이유로 내세운 것으로 알려져 있다. 전목은 현대 신유가로 열거되는 학자들 중 아마 유일하게 서양 철학을 직접 연구하지는 않은 학자인데, 본래 대학에 다닌 일이 없이 독학으로 대학자가 된 경우이다.

위에 거론된 인물들을 제1세대와 제2세대로 볼 경우 제3세대로 거론되는 학자들은 방동미, 서복관, 당군의, 모종삼 등이다. 방동미를 어느 세대에 속하는 학자로 볼 것이냐에 관해서는 약간의 논란의 여지가 있고, 일부의 연구자들은 그를 현대 신유가에 포함시키지 않기도 한다.

나) 현대 신유가의 공통 특징

현대 신유가에 속하는 학자들은 모두 개성(個性)이 강하다. 특히 학설에 있어서는 더욱 그러하다. 심지어 스승과 문인 간에도 학술 내용은 각각이다. 이것은 아마도 그들이 모던(modern: 근·현대)의 개방적인 시대 여건 하에서 학문을 한 것과 또한 어느 선행 연구자를 추종하거나 선행 연구에 의존하여 학문을 하지 않고 대개 자신의 문제의식을 깊이 파고들면서 자력(自力)으로 학문을 한 데에 그 주요 원인이 있지 않을까 추정된다. 학설이 제각각임에도 불구하고 현대 신유가 구성원들의 사상은 비교적 뚜렷한 공통 특징을 갖고 있다.

현대 신유가의 공통 분모라 할 수 있는 특징들은 19세기까지의 유교인들에게서는 볼 수 없는 것들이다. 이 점에서 현대 신유가는 '20세기에 활동한 유가 인물 혹은 유학자'와 그 성격이 판이하게 다르다. 한국의 경우를 보면, 21세기인 지금에도 둘러보면 예컨대 삼강오륜(三綱五倫)을 강조하면서 19세기까지의 삶 그대로 살고파 하는 유림을 볼 수 있는데,(三綱은 버려야 할 것이고, 五倫은 현대 사회에서도 여전히 유효하다는 것이 현재 한국 학계의 거의 일치된 견해이다) 현대 신유가는 이들처럼 삶에 있어서 19세기까지와 별로 다를 바 없이 20세기를 산 유교인이 아니다. 현대 신유가는 시대 여건의 근본적인 변화에 부응(副應)하여 자신의 정체성(正體性, identity)을 확고히 한 유교계 지식인을 가리킨다. 이들에게 공통된 분모는 다음과 같다.

첫째, 현대 신유가는 근대 이래 서구로부터 밀려온 새로운 사조에 적극적으로 대응(對應)하려 하였다. 이것은 이 새로운 파도를 맞아 그들이 무엇을 어떻게 하여야 하는가에 관한 자각(自覺)이 있을 때 가능하다.

현대 신유가가 근대 물결에 '대응'하려는 입장이라면 서구로부터의 이 새로운 사조에 '대응'이 아닌 다른 자세를 취하는 입장들이 있다. 우선 새로운 물결을 무시하고 예전 그대로를 고수하려는 수구(守舊)의 입장이 있다. 한국의 경우 19세기의 위정척사(衛正斥邪)를 주장한 성리학파를 생각할 수 있겠다. 19세기 말엽 이래 일반의 유교인이 이 입장에 속한다고 한다면, 현대 신유가는 그들과는 전혀 다른 길을 개척한 것이 된다. 이와 반대편에 위치하는 입장은 서구 것을 그대로 받아들이려는 입장이다. 서구화(西歐化)의 입장인데, 20세기 중국사회에서는 '전면서구화(全面西歐化)'를 주장한 세력이 존재했고, 1919년의 5·4 운동의 기본 취지는 이 방향이었다. 중국 고유의 전통사상을 폐기하고 서구의 과학사상으로 중국을 철저히 현대 사회로 재건하자는 이들의 주장은 전면 서구화의 한 유형이다. 한편 중국

현대 신유가의 학자들은 다른 철학사상, 다른 종교사상에 관하여 깊이 연구하고, 그들 자신의 사유가 그 내용을 활용하는 공통점을 갖고 있지만, 그것은 그들이 이 사상 저 사상의 좋은 것들을 끌어다 융합(融合)하려는 데에 의의가 있는 것이 아니라, 그들이 근간(根幹)으로 삼는 유교사상을 현대에 맞게 '보완(補完)'하고 '심화(深化)'하는 데에 의의가 있다.

나) 웅십력의 경우

현대 신유가 제1세대의 인물 중 가장 영향력이 컸던 두 인물로 양수명과 함께 나란히 거론되는 인물은 웅십력(熊十力, 1884-1968)이다. 웅십력 역시 분단 후 대륙에 남았는데, 분단 전이나 후나 그의 일생은 외롭고 가난하게 분투하면서 자신의 소신과 기품을 유지해간 인물로 평가된다. 나이는 양수명보다 많았지만, 학술 활동은 양수명보다 후에 시작되었다. 그의 사상과 학문은 생전보다 사후(死後)에 더 평가 받는 특징이 있고, 무엇보다 후에 대만과 홍콩에서 활약한 현대 신유가의 대표적인 학자들 몇 사람이 그의 제자들이라는 점이 의미를 갖는다. 서복관, 당군의, 모종삼 등이 그의 문인들이다. 그런데 한국의 우리가 유의해 볼 만한 점은, 이들의 사제 관계는 제자라고 해서 스승의 학설을 그대로 추종하는 방식이 아니라는 점이다. 스승이란 학문적으로 계발(啓發)해주고 인도(引導)해준 지도자이고 그

점에서 스승과 문인의 인간 관계가 유지되는 것이고, 학술적으로는 각자 자신의 문제의식과 체오(體悟)에 의거하는 점이 이들의 사제(師弟) 관계와 한국 학계의 사제 관념의 차이점일지 모르겠다.

웅십력 역시 북경대학에서 강의를 시작하였는데, 유교 강의가 아니라 불교의 유식학(唯識學) 강의를 맡았고, 이어 『신유식론(新唯識論)』이라는 문제작을 출간한다. 그의 사유의 바탕은 유교와 불교였다고 할 수 있다. 그는 철학에 대한 탐구는 반드시 인생(人生)에 절실한 것이어야 하며, 사람들에게 안심입명(安心立命)의 도(道)를 제공할 수 있어야 한다는 소신을 갖고 살았으며, 스스로 말하기를 자신이 유교와 불교를 공부한 것은 전공 연구자로서 한 것이 아니라 '우주와 인생의 여러 큰 문제들에 대하여 명료하고 정확한 해결을 찾기 위함'이었다고 하였다.

분석이 세밀하고 논리가 엄밀한 『신유식론(新唯識論)』은 출간 후 많은 반향을 불러일으켰다. 특히 불교계로부터 집중적으로 비판이 쏟아졌는데, 그를 북경대학에서 불교 강의를 하도록 추천하였던 불교 승려의 제자들이 비판세력의 주류를 이루었다. 비판은 매우 신랄해서 '성인(聖人)의 말씀을 무시하면서 자기만 잘났다고 한다.'는 인신공격성 비난에서부터 '유식학에 대하여 아무 것도 모르는 사람이다.'는 힐난에 이르기까지 다양하고 심한 것들이었다. 비판가 중에는 '웅십력의 이 책은 『주역(周易)』

과 노장사상(老莊思想)과 송명유교(宋明儒敎)의 말들을 잡다하게 인용하면서 불법(佛法)을 엉터리로 이해하고 있다.'고 말한 사람도 있었다. 우리는 이 말이 함의하는 바를 역으로 추적해 볼 수 있다.

웅십력이 이 책에서 시도한 것은 인도불교의 유식학을 자신의 사유 역량에 의해 학술이론으로 재정립(再定立)하는 것이었다. 가정해서 말해 보건대, 만일 그가 중국의 기독교인이었다면 그의 신유식론은 현대 중국의 한 기독교인이 자신의 주체적(主體的) 사유를 통해 불교의 유식학을 나름대로 정립해 본 것이 된다. 그 기독교인이 이 연구 후에 불교인이 되는 것은 아니다. 현대 신유가로서의 웅십력의 유교사상은 이 『신유식론』에서 계발되고 방향 잡힌 사유에 기초한다는 것이 일반적인 견해이다. 그의 불교 연구는 불교계로부터 많은 비판을 받았지만, 그가 불교를 반대하거나 경시(輕視)한 것은 아니었다. 이 점은 불교계에서도 부인하지 않는다. 다만 그의 이론이 불설(佛說)에 어긋난다는 것인데, 이 점은 이성적으로 그리고 학술적으로 검토되어야 할 부분이다.

현대 신유가 제1세대를 대표하는 양수명과 웅십력의 사례로 볼 때, 현대 신유가가 불교나 도가사상, 서양사상 등등을 연구하여 성취를 낸 것의 의의를 우리는 다음과 같이 정리하는 것이 적절할 것으로 생각된다. 이들의 이웃 종교 연구는, 그 이웃 종교에게는 자신들이 아는 범위 내에서는 접하지 못했던 이해와 사고방식을 접할 수 있게 해 주는 의의를 갖고, 연구자 자신에게는 그가 비록 유교인이지만 그의 사유의 폭과 깊이가 더해가는 의의와 아울러 이웃 종교의 심오한 사상과도 상호 대화가 가능하도록 고양되고 갖추어진다는 의의를 갖는다.

현대 신유가의 이웃 종교에 대한 연구는 상대방을 사상적으로 무너뜨리고자 기도(企圖)하거나 무시하고자 하는 방향은 결코 아니다. 현대 신유가의 구성원 누구에게나 공통된 점은, 오히려 상대방의 존재 및 그 가치를 인정하는 점이다.

다) 방동미의 경우

■ **서양사상의 이원적**(二元的) **세계관**

방동미(方東美, 1899-1976)는 유교 집안에서 성장하였으나 대학 과정은 기독교 계열의 대학에서 수학하였다. 성장과정의 그는 활발하고 적극적인 성격이었다고 하는데, 그에게는 시인(詩人)의 기질이 있었다. 그는 영문으로 저술을 하기도 했는데, 영문이 아름다운 문체로 되어 있어 서양인들의 감탄을 자아냈다고 한다. 대학에 진학한 후에는 주로 서양철학을 공부하였고, 미국에 유학하여 베르그송과 헤겔을 연구한 바 있다. 그의 일생 연구는 베르그송(Henry Bergson)의 사상과 엘리아데(Mircea Eliade)의 종교학 · 민속학 연구를 원용하여 중국사상을 해석한 것으로 말해지기도 한다.

방동미의 사상은 일종의 생명철학으로 볼 수 있다. 우주만물을 관통하여 천지와 합일하는 생명사상을 중국사상의 주류(主流)로 파악하고, 유교사상을 광활하며 원기 왕성한 생명의 체계로 이해하였다.

그는 근대 이래의 서양인들이 진보(progress)를 내세우며 새로운 것을 가치 있게 여기는 풍조에 흐르는 것을 비판하였다. 방동미는 어느 문명, 어느 민족 문화이건 간에 그 문화의 경험적·실증적 현상 이면에 면면히 흐르는 정신생명을 확실하게 통찰하고 관념(觀念)을 분명히 하여 '근본'을 세운 후에야 비로소 가치 있는 활동 및 성취가 가능하다는 관점을 주장하였다. 그는 근대 이래 서양인들이 종교에 관하여 범하고 있는 오류를 다음과 같이 말한다.

> 현대 서양인은 '신(God)은 죽었다. 종교는 죽었다.'고 말한다. 그러나 응당 '누가 신을 죽였는가?' '누가 종교를 죽였는가?'라고 물어야 한다. 솔직히 말해서 그것은 서양인 자신들이다. 그들은 그리스·중세와 근세 고전 문화를 모두 훼멸시키고, 단지 앞만 보고 뒤돌아볼 줄 몰랐다. 중세를 암흑시대라고 하는 것은 그들이 눈멀었으며, 지식상 눈이 먼 것임을 증명하는 것일 뿐이다. (남상호 역, p.20-21)

방동미에 의하면, 서양 고대의 희랍사상과 중세사상 및 근대 유럽의 사상은 근본적으로 분리(分離)의 이분법(二分法)에 기초해 있다. 그들은 세계와 인생을 이분법에 의해 두 개로 나눠 놓는다. 하나의 세계, 하나의 인생을 둘로 나누어 한쪽에는 형이하의 물질세계(物質世界)로서의 세계 · 인생을 배속하고 다른 한쪽에는 이것과는 차원을 달리하는 진 · 선 · 미(眞善美)의 가치세계(價値世界)로서의 세계 · 인생을 배속시켜 양분하여 논의하는 사고방식이 그것이다. 문제는 이 두 층의 세계가 단절되어 있다는 데 있다. 서양사상의 역사에서 더러 이 두 세계의 융통(融通) 가능성을 말하는 사람들이 나왔지만, 그들의 경우에도 그 융통은 상호 모순된 두 영역 간의 융통이므로 반드시 그 과정에서 자연의 심각한 재난이나 물질세계의 훼손이 있어야 가능하다. 종교로 말하면 신성한 영역으로서의 천국(天國)과 인간이 기거하는 자연계(自然界)의 인간 세상이 단절되어 있다. 사고방식에서 중국사상과 서양사상의 근본적인 차이점이 여기에 있다.

■ 철학과 종교의 관계

중국사상에서는 삶의 현실 세계와 가치의 영역이 분리되지 않는다. 그는 이렇게 말한다: "거의 모든 학파의 중국철학가들은 우주를 보편생명의 표현으로 보았는데, 그 생명 가운데에서는 물질조건과 정신현상이 융회(融會) 관통되고 혼연일체가 되어 어떠한 내적인 모순의 징표도 없다. 지선(至善)과 완미(完美)를 포함한 모든 가치이념은 생명의 기운이 힘차게 용솟음쳐 나오듯이 가득하게 실현되어질 수 있다."(정인재 역, p.60) 중국의 철학과 종교에서는 우주가 근본적으로 가치의 영역이다. 중국인의 지혜에 조명된 우주는 도덕성과 예술성으로 충만되어 있다.

중국의 현대철학자로서 방동미의 사상에서는 종교와 철학이 별개의 두 영역이 아니다. 철학은 이성(理性)의 분석 · 사고 작용 등을 투과하여야 하는 반면 종교는 신비(神秘)의 체험과 관련이 있고 정서적(情緒的)인 측면이 강하기 때문에 가령 우주와 인생을 조명하거나 말할 때 종교의 입장에서 말하는 것과 철학의 입장에서 말하는 것 간에 차이가 있을 수밖에 없다. 그러나 진정한 철학자라면 동시에 종교적 신분(즉 종교적 관점을 보전할 수 있어야 한다는 의미)을 갖고 있어야만 한다는 것이 방동미의 지론이다. 방동미의 『원시 유가 원시 도가』를 번역한 한국의 남상호 교수는 다음과 같이 말한다:

> 그는 최후에 종교와 철학을 함께 승화시켜 일체적 정체성(整體性)을 회복함으로써 중국 전통의 생명을 사랑하는 정신을 되살리려 노력했다. 즉 대철학자는 종교가와 철학자로서의 신분을 갖추어야 신성 세계와 세속 세계를 연결시킬 수 있다는 것이다. (남상호 역, p.7)

우주를 생명의 충만으로 바라보는 방동미의 철학사상에서 인생의 각 영역이 갖는 지위는 그의 「미래 세계에 대한 중국철학의 영향(中國哲學對未來世界的影響)」이라는 글에서 확인된다. 이 글에 제시되어 있는 대략의 구도를 요약해 보면 다음과 같다.

우주는 두 개의 층으로 구성된다. 하나는 자연층이고, 다른 하나는 초월층이다. 자연층(自然層)에는 세 개의 세계가 있다. 물질세계와 생명세계와 심령(心靈)세계가 그것이다. 심령세계란 우리가 호모 사피엔스(Homo Sapiens)라고 말하는, 사고하는 인간의 영역이다. 우리가 날마다 추구하고 있는 합리적인 생활과 지식 등이 이 영역에 속한다.

초월층(超越層) 역시 세 부류의 영역으로 구성된다. 예술(藝術)의 영역과 도덕(道德)의 영역과 종교(宗教)의 영역이 각각 그것이다. 이렇게 놓고 볼 때, 예컨대 어린이라면 그의 우주가 자연층을 벗어나기 어려울 것이다. 우리의 인생은 자연층을 기초로 하면서 점차 초월층으로 상승해 간다. 바람직하고 고양된 인생일수록 형이하(形而下)의 자연층으로부터 형이상(形而上)의 초월층으로 성장해 가야 한다는 것이 방동미의 사상이다.

우리가 여기서 유념할 점은 그가 종교의 경지를 인간이 도달해야 하는 최고의 경지로 말한다는 점이다. 그는 “예술과 도덕을 거쳐 생명을 신성(神聖)한 경지로, 즉 종교의 영역으로 더욱 고양해 가야 한다(透過藝術與道德, 再把生命提高到神靈的境界—宗教領域).”고 말한다. 그가 주로 철학자의 신분으로서 동·서양 사상을 연구해왔음에도 인생의 최고·최후의 경지를 종교의 경지로 본다는 사실이 주목을 끈다. 우리는 그가 이 관점에서 불교와 기독교, 중국의 유교, 도가사상, 묵가사상 등등을 바라본다고 생각하면 될 것이다. 그는 말년의 강의 중에 학생들에게 ‘어느 종교가 되었든 여러분은 종교 신앙을 가지시오. 신앙이 없으면 물질적 가치의 추구, 예술 가치의 추구, 철학 탐구 등이 원만(圓滿)한 결말을 얻을 수 없게 되오.’라는 취지의 말을 하였다고 한다. 그는 이렇게 말한다:

> 만약 종교상의 깊은 정서가 없다면 어떤 위대한 철학자라도 종교상의 신성 세계를 회복시킬 수 없을 것이다.(남상호 역, p.182)

■ 유교 및 다른 사상들을 보는 관점

방동미는 중국의 인문주의(人文主義)를 ‘정교하고 빈틈없는 철학체계’로 말한다. 중국 인문주의에서 보면, 자연층과 초월층의 각 영역은 모두 보편생명이 각기 나름으로 생명을 영위하는 것이며, 천지만물은 어느 것 하나 빠짐없이 완성(完成)을 향해 나아가고 있다. 인간은 우주의 이러한 생명 활동의 창조자이고 참여자이다. 인간은 천지의 화육(化育)에 참여하여 지선(至善)에 머무를 수 있다. 동아시아에서는 "신(神)은 하늘에 거주할 뿐만 아니라 사람들의 마음 속에 거주"(남상호 역, p.170)하기 때문에 이것이 가능하다. 신성(神聖)이 인간에 내재(內在)하기 때문에, 만일 인간 자신의 창조적 노력으로 완미(完美)한 최고의 경지에 이른다면 이 때 인간은 천지(天地)와 그 덕(德)을 합할 수 있으며, 신(神)에 의한 천지(天地)의 화육(化育)에 동참할 수 있게 된다.

중국의 고대에도 신비적 체험이 중요시된 종교의 전통이 있었다. 그러나 방동미에 의하면 중국인은 신성세계를 현실세계와 분리시켜 따로 독립된 영역으로 설정하는 형태의 종교신앙과는 맞지 않는다. 그리고 그에 의하면, 중국에서 종교의 본질은 윤리이다.(남상호 역, p.37) 중국의 원시 종교는 이른 시기에 이성(理性)으로 개명한 윤리 문화로써 대체되었다. 이 흐름 위에서 다음과 같은 세 진로가 열렸다.

> 묵가는 종교적 환원을 한 것이고, 도가는 철학적 환원을 한 것이다. 그러나 양자 중간 형태의 것은 바로 중국 고대의 유가 사상이다.(남상호 역, p.157)

묵자(墨子)를 개조로 하는 묵가학파는 맹자와 동시대에 활약하였고, 맹자는 겸애설(兼愛說) 등의 그들의 사상을 맹비난하였다. 진시황의 천하 통일 이후로 묵가는 명맥이 끊겨 역사의 지평에서 사라졌지만, 만일 명맥이 유지되었다면 유교계의 집중 공격 대상의 하나가 되었을 것이다. 방동미는 묵가학파가 중국 원시의 종교사상을 가장 잘 보존하였던 것으로 말한다.

방동미는 유교(儒敎)가 중국사상을 주도(主導)해 왔다는 사실을 긍정한다. 하지만 그는 묵가와 노자·장자의 도가, 더 나아가 중국불교까지도 각기 나름의 사상적 전개를 하면서 의미 있는 기여를 한 것으로 긍정하여 말한다. 특히 노자와 장자의 도가사상에 대해서는 매우 적극적으로 철학적 해석을 가하였다.

> 이와 같이 생명의 덕(德)을 높인다는 관점에서 보았을 때, 도가와 유가는 정신적으로 완전히 상통하는 것이다. (…) 유가는 생명을 생각할 때마다 근원[元]에까지 거슬러올라가서 본래의 근원을 찾으며, 그 뒤에 천명(天命)에 의하여 분배받은 본성을 언급한다. 도가와 비교하여 본다면, 양자(兩者)는 단지 용어를 달리 사용할 뿐 그 뜻은 결코 다르지 않다.(정인재 역, pp.126-127)

『노자』에 대해 방동미는 철학적 이성과 예술적 창의를 가장 밀접하게 융합시킨 전형적인 본보기로 말한다. 나아가 그는 예술에 관하여 우리가 만약 노장(老莊)의 오묘한 철리를 이해하지 못한다면 우리는 시나 회화 같은 여러 분야의 중국예술에서 정취를 맛볼 수 없을 것이라고 말한다.

유교와 묵가사상과 도가사상을 놓고 말할 때, 그는 세 학파의 사상이 하나의 체계로 회통(會通)되었을 때가 그가 구상하는 중국사상의 정점에 가장 가까이 근접한 것으로 생각하는 것 같다.(정인재 역, p.125 참조)

방동미의 문인으로 자처하는 유술선(劉述先) 교수가 어느 강연 중에 '특히 대륙의 학계에서 방선생을 현대 신유가의 인물로 선정하여 연구활동을 하는 것에 그리 동의하지는 않지만, 그렇게 해서 방선생의 학문이 알려지는 면도 있기 때문에 반대하지는 않는다'는 말을 하는 것을 필자는 들은 적이 있다. 한편 방동미를 현대 신유가에서 제외하는 연구자들도 있는데, 이런 시각은 기본적으로 방동미가 비록 유교사상을 중국사상의 주류로 인정하기는 하나 그 자신이 구상하는 사상은 유교에 꼭 한정되지는 않는다는 점, 다시 말해서 그의 사상이 확고하게 유교사상에 근간(根幹)을 두고 있는 것은 아닐 수 있다는 점 때문이 아닐까 필자는 생각하고 있다.

방동미는 인도사상에 대해서도 해박하였다. 그에 의하면 철학, 문학, 예술 등 인도의 모든 문화 성취는 고도의 종교 정신이 발휘된 것들이다. 불교는 본래 인도의 종교이고, 처음 중국에 들어온 불교는 소승불교로서 종교 의식(儀式)에 치중하는 형태였는데, 불교의 교설이 노장(老莊)의 주요 관념으로 해명되는 철학화의 과정을 거친 후에야 비로소 중국인의 정신세계 안으로 융합하여 들어올 수 있었고, 중국사상으로서 뿌리를 내릴 수 있었다고 한다.

방동미는 대승불교(大乘佛教)의 정신을 매우 중요시한다. 진정한 종교인은 인류와 전체 생명의 정신 해방을 추구하는 사람이다. 이것은 중국 종교의 위대한 정신이고, 중국의 대승불교는 이 정신을 가장 잘 드러내준다. 그는 『중국대승불학(中國大乘佛學)』, 『화엄종철학(華嚴宗哲學)』(상, 하) 등의 불교 전문 연구서를 저술하였는데, 특히 중국 화엄철학을 선양하는 데 주력하였다.

중국불교의 커다란 성취의 하나인 화엄철학을 그는 종교 실천의 면과 철학적 사변의 면의 두 관점에서 연구한다. 그의 결론 중의 하나는, 화엄철학은 종교와 철학의 결합 · 융합이 완벽하게 이루어진 사례라는 것이다. 이것은 그의 불교 연구가 일반의 불교 연구자들과는 달리 그의 독자적인 관점에서 이루어진 것임을 시사한다.

라) 서복관의 경우

■ 인문 정신과 인성론

서복관(徐復觀, 1903-1982)의 경력은 약간 특이한 데가 있다. 그가 학문에 종사하기 시작한 것은 53세 때부터이다. 물론 그가 대학을 다녔고, 젊은날에 일본에 유학한 적이 있긴 하지만, 50

대 이전에 그는 군인으로 살았다. 40세 무렵에 처음 웅십력(熊十力)을 만났는데, 웅선생으로부터 학문적인 감화를 받았고 이것이 계기가 되어 결국 기회가 주어졌을 때 남은 생애를 학문에 전력 투구하게 된 셈이다. 그는 학자로서 뿐만 아니라 정치평론가, 사회비평가로서도 열렬히 활동하였다. 그는 현대 신유가 가운데 민주주의를 가장 적극적으로 추구한 사람의 한 사람인데, 그의 민주주의는 서구의 민주주의 그대로는 아니고, 중국역사에 뿌리를 두는 민주주의로서, 자신의 민주사상을 '인문주의적 자유주의'로 불렀다.

서복관은 중국사상사에서 특히 봉건전제주의를 비판하는 것에 비중을 두었는데, 그에 의하면, 사상사 연구에서 가장 중요한 임무의 하나는 중국문화 가운데 민주정치와 맞물리는 것을 발견하는 것이다. 이 사명을 완수하려고 한다면 반드시 먼저 유교사상의 본래 면목으로 돌아가도록 노력해야 한다. 바꿔 말하면, 중국문화 속에 본래 가지고 있던 민주정신을 파악하여 다시 새롭게 활짝 열리게 하는 것이 지나간 성인(聖人)들을 위하고 끊어진 학문(學問)을 잇게 하는 것이라는 생각이다. 정치 · 사회 분야의 사상 뿐만 아니라 그의 모든 사상의 바탕에는 인문 정신이 자리하고 있다. 그가 생각하는 종교 역시 인문 정신과 직결된다.

서복관에 의하면, 중국문화는 인문 정신(人文精神)의 문화이다. 인문 정신은 "인간의 존엄성과 주체성에 대한 가치 긍정과 자각(自覺)을 중시하는 심성론(心性論)을 기반으로 한다."(류근성, p.7) 유교의 인문 정신은 현대 신유가가 공통적으로 딛고 있는 기반의 하나이다. 서복관은 유교를 중국 고대의 원시 종교가 인문 정신에 의해 인류 최고 수준의 종교 형태로 발전된 사례로 간주한다. 그의 종교관 및 종교로서의 유교에 대한 관점이 잘 서술된 자료는 유명한 『중국인성론사(中國人性論史-先秦篇-)』의 제2장-제4장이다. 논지를 간략히 요약해 보면 다음과 같다.

인류의 문화는 모두 종교로부터 시작되었다. 중국도 예외가 아니다. 종교로부터 시작된 고대의 문화는 그 민족 문화의 역사적 전개 과정에서 어느 단계에 이르면 그 문화 특유의 종교 형태를 낳게 된다. 그 문화 고유의 종교 형태가 정립되기 이전의 종교 형태를 원시 종교라 부른다면, 우리가 알고 있는 서양의 종교와 인도의 종교 등은 원시 종교가 이 단계에 이르러 오늘날 우리가 알고 있는 형태로 정착된 것들이다. 반면에 중국에서는 원시 종교가 은대(殷代)까지 유지되다가 주대(周代)에 이르러 중국 특유의 인문화된 종교로 발전해 간다. 서양의 종교관으로 보면 인도문화에는 종교가 없는 것처럼 보일 수 있고 인도의 종교관으로 보면 서양문화에는 종교가 없는 것처럼 보일 수 있듯이, 서양이나 인도의 종교관으로 보면 중국문화에는 종교가 사라진 것으로 보일지 모른다. 실제는 원시 종교가 중국의 역사에서는 중국 특유의 종교 형태로 발전해 갔던 것이지 결코 고유의 종교가 없어졌던 것이 아니다. 어느 민족의 전통에서나 종교는 소멸되지 않는다.

원시 종교의 동기는 공포감이나 절망감이다. 죽음이나 질병, 홍수나 가뭄과 같은 자연 현상에 직면하여 인간은 무력감, 두려움, 절망감 등을 느끼고, 이것들에 대한 자신의 역량이나 책임을 단념하고서 외재(外在)하는 신(神)에 의존하여 결정하고 행동하게 되는데, 이것이 종교의 시작이다. 중국에서도 은대까지는 예컨대 주요 결정 사항을 점을 쳐 복사(卜辭)에 의존하는 등의 초인적 존재[神]에 의존하는 삶을 살았다. 그런데 은(殷) 왕조 하의 한 나라였다가 쿠데타에 성공하여 새 왕조를 연 주(周) 왕조의 정복자들은 역사상의 여느 정권과는 다른 자세를 보였다. 그들은 이제부터 상제(上帝: 최고의 신)를 대신하여 지상을 통치한다는 식의 자긍심 같은 것에 도취되지 않고 인간의 차원에서 인간 사회를 걱정하는 우환의식(憂患意識)을 가졌다. 우환의식은 사회 운영의 책임감과 관련이 있다.

집권자가 상제의 명령을 받아 상제의 통치를 대행한다는 태도를 가질 때 사회 운영의 모든 책임은 사실상 상제에게 있으며 집권자는 상제를 두려워하고 상제의 뜻을 잘 받들어 실행하면 된다. 그러나 집권자가 우환(憂患)의 심리를 가지면, 일과 행위의 길흉(吉凶)과 성패(成敗)에 관하여 스스로 깊이 생각하고 숙고하지 않으면 안 된다. 왜냐하면 우환의 심리에서는 사회의 사건 및 인간의 행위에 대하여, 예컨대 왜 그것이 표창 받을 일이며 왜 그 행위가 징벌 받을 행위인지에 관한 주체적 판단이 있어야만 하고, 동시에 그것들에 대한 집권자 자신의 처분(통치 행위)에 대해서도 잘 한 행위인지 아닌지의 책임을 분명하게 가질 줄 알아야 하기 때문이다. 이 모든 책임의 기준은 도덕이다.

통치자층의 우환의식은 점차 상제(또는 天)를 도덕의 연원(淵源)으로 여기고 도덕은 모든 사람에게 주어지며 다만 집권자는 자신의 통치 행위가 도덕에 합치해야 함은 물론이고 백성을 도덕으로 이끌어야만 한다는 방향으로 발전하게 된다. 이것이 인문 정신(人文精神)의 방향이다. 서양이나 인도와는 다르게 중국에서 종교의 승려 계급이 출현하지 않은 이유도 여기에 있다. 도덕 법칙은 '신(神)의 덕성'이라 하겠는데, 그것을 모든 사람이 다 갖고 있으며 임금은 그것의 모범을 보여주어야 하는 존재가 되니 따로 승려 집단이 필요 없게 된 것이다.

우환의식이 강해질수록 인간의 신심(信心)의 근거는 상제와 같은 신으로부터 행위자 자신의 근신(謹愼)과 노력에로 이전되어 간다. 고대 중국에서는 이러한 근신과 노력이 주대(周代)의 '경(敬)'·'경덕(敬德)'·'명덕(明德)' 관념을 낳았다. 이것이 중국 최초의 인문 정신의 출현이다.

인문 정신은 공자(孔子)에 이르러 확립된다. 서복관은 주대(周代) 초기부터 시작된 도덕적 인문 정신의 확립이 중국에서의 종교의 쇠퇴나 몰락을 의미하는 것은 아니라고 반복하여 강조한다. 그는 인문 정신에 입각한 종교 형태, 이를테면 '인문화된 종교'를 최고 수준의 종교형태로 간주한다. 인문 정신과 종교의 결합을 신에 대한 신앙과 인간의 주체성의 결합이라 말하면서 그는 중국에서는 비교적 이른 시기에 종교의 인문화가 시작되었을 뿐이라 본다.

중국의 인문 정신이 유교만의 것은 아니다. 주대에서 시작되어 춘추시대에 이르러 정립된 인문 정신은 그 후 중국의 역사에서 모든 종교의 기반이 된다. 서복관에 따르면, 중국의 인문 정신은 인성론(人性論)으로 구체화된다. 그가 유명한 『중국인성론사(中國人性論史)』를 집필한 이유가 여기에 있다. 그는 이 책의 「서문」에서 이렇게 말한다.

> 인성론은 명(命, 道)·성(性, 德)·심(心)·정(情)·재(才, 材) 등의 명사로 대표되는 관념·사상을 그 내용으로 한다. 인성론은 하나의 사상으로서 중국 철학사상사의 중심 줄기의 지위를 갖는 데 그치지 않고 더 나아가 중화민족 정신 형성의 원리이자 동력이기도 하다. 역사 문화를 통하여 중화민족이 왜 중화민족인가의 근거를 이해하고자 한다면, 이것은 하나의 출발이고 또 종점이기도 하다. 문화 안의 다른 현상들, 특히 종교, 문학,

예술 및 일반의 예속(禮俗) · 인생 태도 등은 오직 이 문제와 연결될 때에만 비로소 매우 깊이 있고 정확하게 해석될 수 있다. (유일환 역, p.24-25 참조)

『중국인성론사』는 그 스스로 「서문」에서 말하고 있듯이, "중국 고대의 종교가 어떤 과정을 거쳐 인성론으로 전개되었는지"를 밝힌 역작(力作)이다.

■ **노장사상 및 불교에 대한 연구의 관점**

노자와 장자의 사상에 관한 연구에서 서복관은 참신한 연구로서 기여한 바가 있는 것으로 평가되는데,(한철연, pp.122-136 참조) 그에 따르면 선진(先秦)시대의 도가사상 역시 우환의식에서 비롯되었다. 다만 노자와 장자는 우환의식의 정면적 해결이 아닌 방향으로 나아간 점이 다를 뿐이다. 도가사상은 인간 사회에 대한 심각한 우환으로부터 초월(超越)해 나옴으로써 인생의 평온을 실현하는 방향으로 나아갔다. 비록 인성론의 내용 면에서 유가학파가 긍정적이고 적극적인 자세를 취했다면 도가학파는 가령 체념(諦念)과 같은 소극적 자세를 취한 차이가 있긴 하나, 중국의 역사에서 유가의 공자와 맹자 및 도가의 노자와 장자의 사상이 사람들의 마음 속에 깊이 파고들어 현실 생활에 많은 영향을 끼친 점에서는 별 차이가 없다는 것이 그의 견해이다.

장자의 사상에 대해 서복관은 노자의 정신을 높은 수준에까지 발전시켜 도가의 정신적 경지를 극대화한 것으로 본다. 노자와 장자의 사상이 그 당시에 성취하였던 인생(人生)은 사실은 예술적 인생이었다는 것을 그는 드러내고자 하였는데, 그에 의하면 중국의 순수한 예술정신은 이러한 사상계통으로부터 도출되었다. 이 점에서 중국역사상 위대한 화가 및 화론가(畵論家)들은 의식적이건 무의식적이건 그리고 서로 간의 정도상의 차이는 있었을지언정 언제나 노장사상의 이러한 면과 합치하였다고 한다.

요컨대, 서복관은 노장사상이 추구하는 도(道)를 최고의 예술정신으로 이해한다. 장자사상을 노자사상의 발전으로 이해하면서 또 다른 한편으로 미학(美學)의 시각에서 그 본래적 가치를 드러낸 서복관의 장자 연구는 매우 독특하며 참신한 이해로 평가되고 있다.

앞의 방동미의 도가사상 연구와 여기의 서복관의 도가사상 연구 관점이 보여주듯이, 현대 신유가의 구성원 거의 대부분은 도가사상이 중국사상사에서 차지하는 비중을 긍정적으로 이해하고 그것에 의미를 부여하려는 방향에서 노장사상에 대한 연구를 진행하였다. 유교사상과 노장사상이 서로 상통하는 점을 찾아내어 그 의미를 드러내려는 노력도 많이 보인다. 이것은 전통의 유교계 학자들이 노장사상을 허학(虛學)으로 매도하면서 현실도피주의적이며 허무주의라고 비난하는 자세를 주로 취했던 것과 근본적으로 대조되는 면을 갖는다. 특히 방동미나 서복관 같은 학자는 예술정신이나 미학의 관점에서 노장사상을 이해하고 그 가치를 높이 평가한 공로가 있다.

중국의 불교에 대해서도 서복관은 중국의 인성론(人性論)에 입각하여 전개된 것으로 해명하는 일관된 관점을 제시한다. 인도의 불교는 중국에 들어온 후 인문 정신에 기초한 인성론(人性論)의 틀과 사고방식에 적응(適應)함으로써 비로소 중국불교로서 성공적으로 전개하게 되었다는 것이다. 그는 이것을 '인도불교의 중국화는 역시 인성론의 자성(磁性)에 의해 흡수됨으로써 비로소 그 전환이 완성되었다.'고 말한다.

요컨대, 현대 신유가의 한 사람으로서의 서복관에게 다음 두 가지가 분명하게 확인된다고 하겠다. 첫째 유교는 문화의 전개 과정에서 인류가 도달할 수 있는 최고 수준의 종교 형태에 속한다는 것, 둘째 노자와 장자 등의 도가사상 및 불교에 대하여 그는 인성론이라는 자신의 독창적인 학술 관점에 입각하여 충분히 긍정적으로 바라보면서 그것들의 내용과 특성을 서술하는 자세를 취한다는 것이다.

마) 모종삼의 경우

■ 유교사상 현대화의 완성

오늘날 현대 신유가의 학문이 20세기 중국이 낳은 대표적인 중국철학으로 평가받기에까지 기여한 학술적 공헌을 놓고 말할 때 여러 학자들이 분투 노력하였지만 그 가운데서도 가장 결정적인 기여를 한 학자를 한 사람 든다면 그를 모종삼(牟宗三, 1909-1995)으로 지목해야 한다는 견해에 동의하지 않을 사람은 드물다. 현대 신유가를 전문 연구하는 대륙의 어느 연구자는, "유교철학의 심학 일파는 모종삼에 이르러서야 비로소 현대화의 과정을 대체적으로 완성했다고 말할 수 있다."(한철사연 역, p.364)고 말한다. 여기서 말하는 '유교철학의 심학(心學) 일파'라는 말은 현대 신유가를 가리키는데, 현대 신유가의 주요 인물 몇몇 사람이 양명학(심학)에 무게 중심을 두는 것으로 보고서 이렇게 표현한 것이다.

현대 신유가의 학자들 중 본인 이름을 따서 그의 사상을 일컬은 최초의 사례가 모종삼의 경우이다. 이미 '모종삼철학(牟宗三哲學)'이라는 명칭이 나온 것은 그의 철학사상이 단순히 중국 전통 유교사상의 현대적 이해에 그치지 않는다는 것이 인정된 것이라 하겠다. 그는 유·불·도의 중국사상과 서양사상을 오가며 일평생 사유(思惟)를 전개하였고, 꾸준히 그 성과를 저술로 펴냈다. 한 철학자가 살아 생전에 자신의 사상을 정리해내는 일이 그리 어렵지 않을 것으로 생각될 수도 있지만, 실제로는 극히 일부의 경우에만 이것이 현실화된다. 본인의 역량도 역량이지만 운도 따라야 하는 등 다른 요소들도 작용하기 때문이다. 방동미(方東美)의 경우나 서복관(徐復觀)의 경우 비록 젊은 날에 작고한 것은 아닐지라도 예기치 않게 유명(幽明)을 달리 하게 되었으니 기회를 만들지 못한 사례가 되겠고, 풍우란(馮友蘭) 같은 경우에는 세상의 소용돌이에 휘말려 소신을 바꾸다 보니 육신은 96세까지 살았음에도 자신의 사상을 스스로 정리할 수 없었을 것이다. 모종삼(牟宗三)은 웅십력 문하에서 동문수학(同門修學)한 이래 평생 도우(道友)로 절친한 관계를 유지했던 당군의(唐君毅)(당군의는 양수명과도 사제 관계이다)가 자신의 사상을 정리하지 못하고 세상을 떠난 것을 무척 애석해 했는데, 당군의가 뛰어난 역량으로 30대의 젊은 나이에 벌써 계발하고 기초를 잡은 자신의 사유세계를 그 뒤에 이러저러한 행정 일 등에 시달리다 결국 스스로 정리를 못해내고 생을 마감한 것을 안타까와했던 것이다. 당군의의 경우는 후학들이, 그것도 직접 지도를 받은 직계 제자조차도, 그의 사상의 본래 면목을 짚어내지 못하는 안타까운 사례로 알려져 있다. 이런 면에서 모종삼은 그의 철학 역량도 역량이지만 운도 따른 경우라 해야 할지 모르겠다.

모종삼은 북경대학 재학 중 3학년 때 웅십력을 만났다고 한다. 그 후로 평생 웅십력을 스승으로 여겼고, 웅십력 또한 모종삼에 대하여 '북경대학 철학과가 생긴 이래 오직 이 한 사람만을 낳았다.'는 말을 한 적이 있다고 한다. 그의 본격적인 학문 여정은 논리학(論理學)과 지식론(知識論)의 연구로부터 시작되었다. 젊어서는 러셀과 화이트헤드의 사상을 좋아했다고 하는데, 서양사상 분야에서는 최종적으로 칸트사상을 핵심으로 간주하였다. 그는 혼자서 칸트의 3비판서(『순수이성비판』, 『실천이성비판』, 『판단력비판』)를 번역하였는데, 1인이 칸트의 3비판서를 번역한 예는 전세계적으로 유일하다고 한다. 그의 번역은 단순한 번역에 그치지 않고 필요시 부연 설명 또는 해설을 덧붙이는 방식이다. 어떤 이는 그를 칸트철학 연구의 대가라고 부르는 경우도 있으나, 그의 관심은 칸트사상 연구 자체에 있는 것이 아니었다.

■ 유교는 도덕 종교

모종삼에 의하면, 유교는 기본적으로 도덕 형이상학(moral methphysics)이다. 유교는 본래 도덕(道德)으로부터 우주 사회와 인생의 여러 방면들의 문제를 받아들여 탐구하였지만 결코 세속적 도덕의 면에 머물지 않고, 형이상(形而上)의 실재(reality)를 현실의 인간 존재와 관통(貫通)시킴으로써, 다시 말해서 천리(天

理)와 성(性)을 관통시킴으로써 하나의 도덕 형이상학을 건립하였으며, 이것을 종교의 면에서 말하자면 유교는 불교나 기독교와는 구별되는 '도덕 종교'로 완성되었다. 그는 서양문화에서의 기독교의 위상과 중국문화에서의 유교의 위상에 관하여 다음과 같이 말한다.

> 서양문화를 과학과 민주정치를 통해서만 이해해서는 안 되고 반드시 서양문화의 기본 동력인 기독교를 통해서 이해하여야 한다. 중국문화를 이해하는 것도 마찬가지로 중국문화의 동력으로서의 유교를 통해야만 한다.(송항룡 역, p.137)

유교가 종교인가 아닌가에 관하여 고래로 논의가 분분한데, 그는 유교가 갖는 종교적 측면을 분명하게 인정한다.

> 종교는 두 가지 방면으로부터 볼 수 있는데, 첫째는 사(事)이고 둘째는 이(理)이다. 사 방면에서 보면 유교는 일반적으로 말해지는 종교는 아니며 이 때문에 유교는 일반적인 종교의 의식(儀式)을 갖추고 있지 않다. 다만 유교는 종교적 의식을 전화시켜 일상생활의 궤도에서의 예악(禮樂)을 형성한다. 그러나 이(理)의 방면에서 보면 유교는 고도의 종교성을 갖추고 있을 뿐만 아니라 극도의 종교정신을 이룬다.(송항룡 역, p.150)

유교는 불교나 기독교의 기도·염불 등과 같은 특정 형태의 의식(儀式)을 갖고 있지 않다는 것인데, 이 점에 관해서는 성균관과 향교 등이 보존되어 있는 한국의 여건에서는 재고(再考)의 여지가 있다. 중국에서는 1912년에 현대 정부가 출범한 이래 일반인과 유교 유적(遺蹟)과는 거리가 멀어졌고, 한국의 유림(儒林)과 같은 유교 세력이 존재하지 않지만, 한국의 사정은 그렇지 않기 때문이다. 어쨌든 모종삼은 형이하(形而下)의 종교 의식(儀式)의 면에서가 아니라 종교 정신 및 초월적(超越的, supernatural) 이념의 면에서 종교를 보는 것이고, 이 점에서 유교는 기독교와 그 유형을 달리 하고 방향을 달리 하는 것이지 하나는 종교의 요건을 갖추고 있고 다른 하나는 종교의 요건을 갖추고 있지 않다는 식의 분별은 불가하다는 입장을 취하는 것이다.

예를 들어, 어떤 사람들은 '기독교는 신(神)을 근본으로 하고 유교는 사람[人]을 근본으로 한다.'고 하는데, 이것은 빗나간 판단이라고 그는 말한다. 그에 의하면, 유교는 현실의 유한한 인간을 근본으로 하고 그리고 천(天)을 단절해버리는 것이 아니라, 인간의 자각(自覺)을 통해 천도(天道)를 체현하는 것을 중시하고 최종 목표로 하기 때문이다. 성선설이니 성악설이니 하여 역대의 유학자들이 인성론(人性論)을 유교의 중심 문제로 삼은 이유가 여기에 있다. 유교에서 말하는 '성(性)'은 한편으로는 '최고의 내재적 도덕성'을 가리키고, 다른 한편으로는 초월적 천도

(天道)와 관통된다. 그래서 유교에서는 성을 다하면[盡性] 천을 알 수 있다[知天]고 말한다. 성을 다하여 천을 아는 과정에 이르면 최종적으로 어진[仁] 인격이 천지만물과 일체가 되는 경지에 도달하게 되는데, 이 경지는 곧 인간이 현실의 인간의 유한성을 넘어선 것이 되며, 이것이 바로 사람이 곧 천이 되고 도덕이 바로 종교가 되는 경지이다고 그는 설명한다.

결국 유교라는 도덕 종교는 인성(人性) 가운데에 신성(神性)을 포함시키고, 그러한 특색 때문에 내재성과 초월성의 완전한 통일 및 윤리세계와 초월세계의 완전한 통일의 실현이 가능하게 되는 것이라고 한다. 아마 대다수의 기독교인들이 동의하지 못하는 것은 인간 존재 안에, 즉 인성(人性)에 신의 속성을 포함시키는 점일 것이고, 인간이 초월적 영역인 천을 알 수 있다[知天]고 말하는 점일 것이다.

■ 이웃 종교에 대한 연구 성과

모종삼의 주요 저작은 그가 처음에 중국사상을 공부한 뒤에 서양사상을 본격적으로 공부하고서 다시 본격적으로 중국사상을 연구한 결실로 나온 것들이다. 그는 유교, 불교, 도가사상에 대해서 분야별로 대표작을 저술하였는데, 우리의 관심사는 이웃종교에 대한 그의 연구 관점 및 자세 등이므로 우리는 그의 불교 연구와 도가 연구에 한해서 살펴보기로 하자.

도가사상에 대한 그의 대표작인 『재성과 현리(才性與玄理)』는 55세 때 발표되었다. 공자와 맹자, 『중용』 등 정통 유교에서는 인간이 태어날 때 천(天)으로부터 부여받은 천명(天命)의 성(性)에 의거하는데 반해, 다른 학파나 유교 내에서도 다른 계열에서는 형이하(形而下)의 성에 의거하였다. 위진(魏晋)시대에 오면 후자의 인성(人性)에 의거하는 사조가 크게 유행하는데, '재성(才性)'이란 이 부류의 인성을 가리킨다.

모종삼은 유교인이기 때문에 위진시대의 사상가들이 덕성의 면, 도덕종교의 면에서 일정 수준에 미치지 못했음을 지적하지만, 위진의 도가인들이 나름의 지혜와 깨침을 얻었던 것에 대해서는 긍정하여 말한다. 특히 미학(美學)의 면에서 중국 정신문화의 계발에 크게 기여하였음을 긍정한다. '현리(玄理)'란, 그와 같이 비록 도덕을 비껴가긴 했으나 다른 면에서는 여전히 형이상학의 차원을 확보하고 있음을 의미한다. 위진시대의 중국 지성계는 처음에 재성(才性)의 단계에서 점차 현리의 단계로 옮겨갔는데, 이 이동은 바람직하고 의미 있는 것이었으나 내용에 있어서 그들은 유교처럼 체득(體得)의 경지와 실체적(實體的) 내용을 아우르는 방향이 아니라 단지 체득에 의한 경지에 도달하는 것에 만족하는 방향이었다는 것이 그의 독특한 관점이다. 이것을 주관과 객관으로 말하면, 위진시대의 도가에게는 주관적 경지만 있고, 객관적 실체는 없었다는 것이다.

『불성과 반야(佛性與般若)』는 모종삼의 불교 연구가 집대성된 거작(巨作)이다. 환갑의 나이에 착수하여 6년 걸려 탈고한 작품이다. 이 저작에서 세운 관점에 대하여 찬반의 여러 의견이 있는 것은 어찌 보면 당연한 일이겠다. 불교계에서 이 관점에 동의하기는 어려운 듯하다. 대만에는 인순(印順)법사라는 유명한 학자 승려가 있는데, 이 분이 이 책에 대하여, "동의하지는 않지만, 대단하다(了不起)."고 말했다고 한다.

모종삼의 관점은, 불교가 인도에서 시작되어 중국에 와서 발전해 가는 과정에서 완성도를 높여가는데 천태(天台)사상의 원교(圓教)를 최고봉으로 보는 것이다. 대체로 화엄사상을 최고봉으로 보느냐, 천태사상을 최고봉으로 보느냐의 견해 차이가 있는데, 그는 후자에 서는 것이 되겠다. 중국불교가 세계의 불교역사에 내놓을 만한 것 중의 하나가 교판(教判)인데 그는 이것과 유사한 방식을 수행하되 자신의 사상적 입장에서 불교사상을 정리해 간 것이다. 교판이란 석가모니 붓다의 다양하고 방대한 설법을 담고 있는 불교 경전의 내용을 말씀이 나온 수준과 의미 맥락, 특수한 뜻 등등을 가려 이를테면 옷장 정리하듯이 단계별로 수준별로 체계를 세워 정리를 해내는 것이다. 역시 화엄종의 것과 천태종의 것이 유명하다.

그에 의하면, 중국불교는 반야학에서 시작되었는데, '반야(般若)'는 대승불교와 소승불교가 다같이 의존하는 것으로 반야는 일체법이 '근원'으로 삼는 것은 못되고 그것으로부터 '생기는' 것에 그친다. 이렇다면 반야는 계통 구분의 근거가 되지는 못한다. 계통의 분류는 불성(佛性)에 근거를 두어야 한다. 불성 관념이 제출되어야 비로소 성불(成佛)이 가능한 이유와 어떠한 형태에 의거하여야 성불이 최후 단계에 이르는지를 설명할 수 있다고 한다. 그는 화엄종을 성기(性起) 계통으로, 천태종을 성구(性具) 계통으로, 그리고 선종(禪宗)을 성생(性生)으로 규정한다.

매우 간략하지만 위의 서술 중에서 그가 어떤 연구 자세로 이웃 종교의 사상을 연구하며 그 성과가 어떠한 의의를 가질 수 있겠는가를 짐작할 수 있을 것이다. 그의 연구가 학술적으로 얼마나 가치가 있는 것인지, 그의 연구 성과가 해당 이웃 종교인들이나 연구자들에게 어떠한 도움이 될지는 그것을 읽는 사람들이 공정하고 객관적인 자세를 가지고 냉철하게 검토하여야 할 사항이지 겉도는 이야기나 품평으로 적당히 넘어갈 일은 아니다. 분명한 것은, 그가 이웃 종교의 사상을 비판하거나 폄하하려는 의도를 갖고 있지 않으며, 이웃 종교인들에게 자신이 추종하는 종교의 사상을 주입시키려는 것과 같은 불순한 의도를 갖고 있지도 않다는 사실이다.

힌다. 총 14편으로 구성된 이 책의 제13편인 「변이단(辨異端)」 편은 그 내용이 타 종교에 대한 비난으로 일관되어 있다. 북송(北宋)의 이학가(理學家)들인 정명도(程明道)·정이천(程伊川)·장횡거(張橫渠)의 발언들로 구성되어 있는 이 편에 이단(異端)으로 나열된 것들에는 위아주의(爲我主義)를 주장한 양주(楊朱), 겸애설(兼愛說)을 주장한 묵가(墨家), 신불해(申不害)와 한비(韓非)의 법가, 그리고 노장과 불교가 있다. 초점은 도가사상과 불교에 있고, 그 중에서도 불교에 대한 비판이 이 편의 거의 대부분을 차지하고 있다.

19세기까지 지속된 유교계 내의 타 종교에 대한 배타적 사조가 한국에서는 1980년대 이후에나 각 종교계의 지도자급 인사들이 참여하는 종교간 대화 모임 등에 유교계 인사가 참여하는 정도의 변화를 보였을 뿐이다. 이에 비해 중국에서는 20세기 전반기에 이미 불교를 긍정적으로 연구하는 등 타 종교의 사상에 대해 배척하지 않고 긍정하면서 공존(共存)하려는 현대화가 시작되었던 것이다.

나) 종교는 초월층의 영역

종교에 대한 현대 신유가의 관념은 중국의 정신문화를 현대의 시대 여건에 맞게 재건하고자 하는 중국 정신문화의 재편(再編) 작업 내지 전통 유교의 현대화(現代化) 작업 과정에서 형성되고 정립된 것이다. 실은 20세기 전반기까지의 중국 지성계에는 종교 개념에 관하여 혼선이 없지 않았다. 양수명(梁漱溟)을 북경대학의 불교 담당 교수직에 추천한 불교 승려 구양경무(歐陽竟無)가 '불교는 종교도 아니고 철학도 아니다.'고 주장한 것은 그 한 예가 된다. 그에 따르면, 종교의 필수 요건은 ① 교주(教主)에 대한 숭상, ② 교주의 말씀[經典]에 대한 신도들의 신복, ③ 신조(信條)의 성실한 수행, ④ 종교 의식(儀式) 등 네 가지인데, 불교는 이것들을 구비하지 않았기 때문에 종교가 아니라는 것이다.(전명용 역, p.15)

20세기 전반기의 중국 지식인들은 '종교(宗教)'를 서양 religion 개념 하의 기독교를 염두에 두고서 제도와 조직을 중심으로 바라보았던 것으로 말할 수 있다. 이런 기준으로 말한다면, 중국 역사에서 종교가 등장한 것은 후한(後漢) 시대 이후의 일이고, 사실상 도교(道教)가 유일하다고 할 수 있다. 더 있다면 불교를 말할 수 있을 것이다. 이런 연유로, 최초로 중국의 종교 역사를 근대적 방법으로 연구한 왕치심(王治心)은 1930년대에 집필한 저서, 『중국종교사상사(中國宗教思想史)』에서 '종교사상(宗教思想)'이라는 용어를 사용하기도 했다. 종교를 인류의 정신세계에서 필수 요건이라 본 그는 '종교' 개념에서 제도나 조직 등의 제약을 배제하고자 의도적으로 이 용어를 선택하였다. 왕치심은 '종교사상'을 다음과 같이 정의(定義)한다: "사람들은 정신생활의 필요성에 의해 자연적인 숭배 행위를 표출하게 되는데 그러한 행위는 무의식의 동작으로부터 시작하여 이지적인 분석에 이른다."(전명용 역, p.12) 그리고 그는 종교사상의 범위에 관하여, "종교사상이란 어떠한 조직이나 제도도 필요로 하지 않으며 원시인류로부터 현대문명인에 이르기까지 일상생활 속에서 표출되었던 숭배와 신비사상이 모두 이 범주에 포함될 수 있다."(전명용 역, p.9)고 규정하였다. 이 사례를 통해 우리는 서양의 religion 개념으로는 중국의 종교를 설명해 내기 어렵다는 사실을 실감할 수 있다.

우리가 살펴본 5인의 사례에서 확인되었듯이, 현대 신유가의 구성원들은 정신문화에서의 종교의 영역 및 중요성을 확실하게 긍정하는 공통 특성을 보여준다. 그리고 비록 중국문화 가운데 종교의 층면(層面)을 구명(究明)함에 있어서, 특히 유교의 종교성을 탐구하는 방법과 설명 내용에 있어서 각자의 개성이 발휘되고는 있으나, 유교가 종교라는 점에 대해서는 이견이 없다.

현대 신유가에 의하면 종교는 초월층(超越層)의 영역에 속한다. 사람은 경험계의 영역 안에서 살아가지만, 인생의 가치와 의미는 경험계 밖의 영역에 연원(淵源)한다는 것이 현대 신유가의 공통된 판단이다. 그들은 이 점에서 사람과 금수(禽獸)의 차이가 있게 된다고 믿는다.

대체적으로 말할 때, 기독교나 이슬람의 신(神, God)이 경험계를 뛰어넘는 초월층에 속함은 물론이고, 불교의 공(空)이나 도가사상의 무(無) 역시 초월층에 속한다. 유교의 경우, 현대 신유가의 공통된 견해에 따른다면, 천(天)과 송명이학(宋明理學)에서의 성·리(性理)는 경험계에 한정되지 않고 초월층에 근원을 둔다.

다) 종교간 대화의 한 방식으로서의 객관적 연구

불교, 도가사상, 기독교 등의 이웃 종교에 대한 20세기 현대 신유가의 관심과 노력이 보여주는 가장 큰 특징 중의 하나는 이웃 종교의 사상에 관하여 전문적 학술 연구로서의 연구 작업을 수행한 점이다. 이것은 나의 종교와 이웃 종교 간의 교리상의 차이나 사상을 비교하여 말하는 것, 예컨대 유교의 입장에서 이웃 종교의 교리나 관점에 대하여 말하거나 글을 발표하는 것과는 차원이 전혀 다르다.

현대 신유가의 이웃 종교 연구는 비교 연구가 아니라는 점에 우리는 유의할 필요가 있다. 예컨대, 양수명·웅십력의 불교 연구 저술이나 방동미·모종삼의 불교와 도가사상 연구 저술들은 결코 유교와 불교의 비교 연구가 아니다. 이들의 저술은 불교 전공 연구자와 도가사상 전공 연구자들에게, 유교와 관계없이, 순수하게 불교나 도가사상의 연구에 도움이 될 수 있는 전공 연구 성과이다. 연구의 내용과 수준이 사실은 그 전공 분야에서는 일반적인 것이어서 전공 연구자들에게는 별로 의미가 없는 그러한 것이 결코 아니라는 점에 주의할 필요가 있다.

또한 자신의 종교사상이나 교리를 직접 거론하지는 않는다 해도 연구 대상이 되는 종교에 대하여 저자가 그 종교를 기본적으로 낮춰 보는 시각에서 저술을 하거나, 상대 종교의 약점이나 부족한 면을 드러내고 알리는 데 역점을 두는 저술 태도가 만일 있다면, 이러한 태도 역시 현대 신유가와는 거리가 멀다. 이 점과 관련하여서는 현대 신유가의 출발이 현대(modern)사회로의 변혁에 부응하는 정신문화의 재건이라는 큰 틀에서 시작되었다는 규모의 광대성에서 그 개연성을 확보할 수 있다. 그들은 대변혁의 와중에서 살아가고 있는 현대인들에게 바람직한 인생관과 바람직한 사회 운영의 방향을 제시하는 것을 중요시하였다. 비록 그들은 철저한 유교계 학자이긴 하였으나, 그들에게 특정 종교를 높이고 다른 종교를 폄하하는 일 따위는 의미가 없었다고 할 수 있다.

물론 이 점은 실행상에서 이견(異見)이나 논란을 초래할 수 있다. 특히 종교 분야의 경우, 말하는 사람은 상대방의 종교를 비판하려는 의도가 전혀 없음에도 상대방이 그렇게 받아들이는 경우가 언제라도 가능하기 때문이다. 하지만 현대 신유가의 경우, 그들의 저술 자세를 볼 때 그들의 이웃 종교 연구가 이웃 종교의 사상을 공략하거나 부정적 측면을 드러내는 데 관심을 갖고 있지 않다는 점만은 분명하게 말할 수 있겠다.

이상의 두 가지 점, 즉 i) 비교 연구가 아니라는 점, ii) 이웃 종교에 대한 불순한 의도 없이 순수하게 전공 연구를 수행한다는 점, 이 두 가지의 기준으로 이웃종교를 연구하는 것을 우리는 '객관적 연구'라고 부르고자 한다.

객관적 연구는 다원(多元)의 공존(共存)을 대전제(大前提)로 하는 현대 사회에서 이웃 종교 간에 필히 유지되어야 하는 대화의 한 방식으로서 충분한 자격을 갖는다고 필자는 본다. 우리는 '종교간 대화' 하면 쉽게 서로 다른 종교를 신앙하는 당사자들 간의 만남과 교류를 연상하게 된다. 물론 사람과 사람이 대면하여 대화하는 것이 중요한 대화의 방식이긴 하나, 다른 대화의 방식도 가능하다. 객관적 연구에 의한 종교 간의 대화는, 첫째 이웃 종교에 대하여 상세하고 근거 있게 이해할 수 있게 해주는 점, 둘째 이웃 종교에 대한 깊이 있는 이해를 통해 자신의 종교와 신앙을 되돌아보는 기회를 갖게 해줄 수 있는 점, 셋째 연구의 결과로 얻어진 새로운 결론이나 학설로 이웃 종교인들에게 도움을 줄 수 있는 기여 가능성, 이렇게 적어도 세 가지의 장점을 갖고 있다.

요컨대, 현대 신유가는 '객관적 연구'라는 종교간 대화의 한 방식을 실천으로 보여준 사례가 된다. 객관적 연구를 통한 종교간 대화는 앞으로 한국의 종교계 및 세계의 종교계에서 의미

깊고 유용한 대화 양식으로 활용할 가치가 있다.

한국의 경우에도, 특정의 종교인이면서 이웃종교에 대한 '객관적 연구'를 수행한 사례가 있다. 대표적으로 김승혜 교수를 들 수 있다. 김 교수는 카톨릭 성직자(수녀)이면서 유교를 전문 연구하여 유교 연구에 기여하는 중요한 저술을 남겼다. 김교수의 『유교의 뿌리를 찾아서』(이 책은 개정본이고, 예전의 제목은 『원시유교: 『논어』·『맹자』·『순자』에 대한 해석학적 접근』이었다)와 같은 연구저서는 유교 전공 연구자들과 유교인들에게, 그리고 유교를 이해하고자 하는 이웃 종교인들에게 매우 유용한 역작(力作)이다.

유교에 관한 김승혜 교수의 저술은 기본적으로 비교 연구가 아니다. 저술 내용 중에서 유교와 기독교의 우열이나 장단점과 관련된 서술은 보이지 않는다. 이웃 종교인에 의한 이와 같은 객관적 연구의 성과가 쌓여갈수록 종교와 종교간 몰이해(沒理解)와 오해(誤解)의 간극은 줄어들 것이고, 자신의 신앙은 더욱 독실해질 것이다.

5. 나가는 말

서구로부터 밀려드는 근대 물결에 중국인들이 본격적으로 위기감을 느끼기 시작한 것은 아편전쟁(1840년) 때부터이다. 중국 민족은 위기에 처했을 때 정면으로 대응하여 극복하려는 성향을 많이 보여준다. 가령 주변의 나라들은 어떻게 대처하는가를 살피면서 상황에 따라 자신의 진로를 선택하려 하는 자세나 상대방이 강하게 나오면 신속하게 굴복 또는 타협하고 약하게 나오면 적당히 저항하는 식은 중국 민족의 위기 타개 성향과 거리가 멀다. 19세기 후반을 거치는 동안 고조된 중국 지성계의 위기 의식은 20세기에 들어와 구체적이고 적극적인 대안을 모색하고 논의하는 단계에 이른다. 현대 신유가는 그 대안들 중의 하나로 출발하였다.

현대 신유가는 중국사회를 전면적으로 서구화해야만 중국이 역사에서 살아남을 수 있다는 전면 서구화(西歐化) 주장과 길을 달리 한다. 그런데 현대 신유가는 장구한 유교 전통 또는 중국 정신문화의 전통을 거의 그대로 유지하되 서구의 과학기술이나 사회의 민주적 운영과 같은 제도 · 기술 등을 수용하자는 수구(守舊) 노선 또는 보수(保守) 노선과도 거리가 있다. 왜냐하면 첫째로 현대 신유가의 구성원들은 기존 유교계의 기득권이나 사회의 세력 · 영향력으로서의 유교계의 전통과는 전혀 무관하며, 둘째로 중국의 정신문화 전체를 현대의 시대 여건에 맞게 재건(再建)하고자 하였기 때문이다.

중국의, 또는 동아시아의 문화생명을 현대의 여건에서 부활(復活)시키는 과정에서 현대 신유가는 유교의 종교성을 확고하게 확보하고, 더 나아가 다른 종교사상들도 정신문화상으로 포용(包容)함으로써 전통 유교의 현대화(現代化)에 성공하였다.

이웃 종교나 다른 철학에 대한 현대 신유가의 연구 자세가 그 이전 유교인들의 자세와 근본적으로 달리 하는 점은 이웃 종교들 또는 다른 철학들과 공존(共存)하려는 태도를 확고히 하는 점이다. 조선조의 사례만 보아도 알 수 있듯이, 유교계는 정치 · 사회적으로 그리고 학술 · 문화적으로 불교계나 도교계, 그리고 도가사상을 긍정하는 사람들을 배척하고 그러한 사상의 존재 자체를 부정하는 태도로 일관했다. 물론, 서양이나 다른 문명에서도 19세기 이전에는 하나의 종교, 하나의 가치관만이 유일하게 옳다고 믿고 다른 것을 허용하지 않은 점은 비슷하였다. 하지만 특히 한국의 실정을 놓고 말할 때, 비록 중국 유교계의 일이지만 유교계가 저렇게 능동적으로 현대의 시대 여건을 수용하고 삶의 여건 변화에 부응하는 역량과 자신감을 가질 수 있다는 사례를 현대 신유가가 보여준 점은 비단 한국의 유교계 뿐만 아니라 다른 종교의 입장에서도 한번쯤 음미해볼 가치가 있다.

우리의 논의에서 어느 정도 드러났듯이, 현대 신유가가 이웃 종교와 대화를 취하는 방식은 학술적 연구이다. 이웃 종교의 사상에 대하여 깊이 있는 연구를 하는 가운데 상대방의 내면도 알게 되고 또 한편으로 자신의 철학적 · 종교적 내실도 기하는 방식이다. 객관적 연구에 의한 종교간 대화는 상대방을 더욱 깊이 있게 이해하고 상대방의 노선 및 취지를 근원적으로 이해하는 효과를 가져온다.

참 고 문 헌

강중기 역, 양수명 저, 『동서 문화와 철학』, 서울: 솔출판사, 2005.

김병채, 「현대 동양철학의 경향과 한국적 의미」, 『現代思想의 傾向』, 성남: 한국정신문화연구원, 1992.

남상호 역, 방동미 저, 『원시 유가 도가 철학』, 서울: 서광사, 1999.

류근성, 『현대 신유학의 인문정신』, 광주: 전남대학교 출판부, 2002.

유일환 역, 서복관 저, 『中國人性論史』, 서울: 을유문화사, 1995.

이상은, 「儒敎는 宗敎인가」, 『現代와 東洋思想』, 서울: 일신사, 1964.

전명용 역, 왕치심 저, 『중국종교사상사』, 서울: 이론과 실천, 1988.

정인재 역, 방동미 저, 『中國人의 生哲學』, 서울: 탐구당, 1984.

송항룡 역, 모종삼 저, 『중국철학의 특질』, 서울: 동화출판공사, 1983.

최근덕, 「儒敎는 宗敎인가」, 『韓國儒學思想研究』, 서울: 철학과현실사, 1992.

한철연(한국철학사상사 논전사분과), 『현대신유학 연구』, 서울: 동녘, 1994.

한철연(한국철학사상사 논전사분과) 역, 『현대신유학』, 서울: 예문서원, 1994.

색 인

전남대 종교문화연구소 총서 2

종교간 대화의 이론과 실제

인쇄일 | 2007년 8월 20일
발행일 | 2007년 8월 30일

편저자 | 김희중 · 이찬수 · 김영태 · 최성식
서명원 · 류제동 · 윤영해 · 김기현
발행인 | 강정채
발행처 | 전남대학교출판부

등록 | 1981. 5. 21. 제53호
주소 | 500-757 광주광역시 북구 용봉동 300
전화 | (062) 530-0571~3
팩스 | (062) 530-0579
홈페이지 | http://altair.chonnam.ac.kr/~cnup

값 10,000 원

ISBN 978-89-7598-627-7 (93200)

이 도서의 국립중앙도서관 출판시도서목록(CIP)은 e-CIP홈페이지(http://www.nl.go.kr/cip.php)
에서 이용하실 수 있습니다. **(CIP제어번호: CIP2007003286)**